CW01401887

Jean-Pierre Le Goff

# La France
# morcelée

Gallimard

Jean-Pierre Le Goff, philosophe de formation et sociologue au laboratoire Georges Friedmann (Paris I-CNRS), préside le club Politique Autrement qui explore les conditions d'un renouveau de la démocratie dans les sociétés développées.

# INTRODUCTION

## MANAGEMENT ET COMPASSION

La rupture a été un des thèmes centraux de la campagne pour l'élection présidentielle et la victoire de Nicolas Sarkozy a été considérée par beaucoup comme la marque d'un renouveau possible dans un pays désorienté et morcelé.

Les textes rassemblés dans ce livre ont paru dans la revue *Le Débat* entre 2003 et 2007. Ils entendent décrypter et comprendre les raisons du sentiment de désorientation et du morcellement en portant l'accent sur les évolutions des idées, des représentations et des valeurs qui concernent tout autant le domaine politique que la société. Ils montrent comment ces évolutions altèrent le rapport entre gouvernants et gouvernés ; ils dessinent une nouvelle configuration sociale et politique à beaucoup d'égards inédite et problématique du point de vue de la conception républicaine de la citoyenneté.

L'unité de l'ouvrage s'ordonne autour de l'intelligence des phénomènes que nombre d'analyses et de commentaires ont tendance à ramener à du « déjà-vu » ou du « déjà-connu », alors qu'ils nous paraissent au contraire remettre en cause les conceptions traditionnelles qui ont structuré l'action politique et sociale. L'ordre d'exposition va du cercle le plus extérieur au noyau de la crise, des manifestations les plus visibles à ce qui en réalité se joue en profondeur : il passe des événements politiques aux conflits sociaux pour aboutir à la longue étude sur le harcèlement moral, qui apparaît comme un phénomène révélateur d'une mutation culturelle fondamentale dans l'abord des conflits et du rapport à la loi qui va affecter le champ politique et social. Le pathos sentimental et victimaire dans lequel a baigné la campagne présidentielle se révèle ainsi comme l'aboutissement de ce que l'étude sur le harcèlement met en relief : la psychologisation des rapports sociaux va de pair avec la désagrégation du creuset culturel et politique dans lequel s'inscrivaient les contradictions et les conflits et qui maintenait ces derniers dans un cadre commun. La question mérite d'être posée sans ambages : avons-nous affaire à un phénomène conjoncturel ou sommes-nous entrés dans une crise structurelle de l'existence collective ? Nous vivons dans une période critique de l'histoire où ce qui faisait antérieurement l'unité du pays n'en finit pas de se décomposer sans qu'apparaisse clairement ce qui pourrait constituer un nouveau socle. Nous n'avons pas la prétention de répondre à une telle question et nul n'est maître de l'histoire. Mais cette question pour nous demeure ouverte en regard des évolutions que les différents textes mettent en lumière.

Les analyses développées ne tiennent pas lieu de bilan des politiques menées sous les présidences

antérieures ; elles ne valent pas condamnation globale des réformes menées par l'actuel gouvernement. Elles concernent une dimension structurelle
du politique dans un nouvel état chaotique de la
société et du monde qui s'est développé depuis près
de trente ans. Entre une société morcelée, qui de
plus en plus se pose ou se vit en victime, et un État
compassionnel et incohérent s'est instauré un jeu
de miroir délétère qui est l'une des principales
sources du malaise français. Les résultats des dernières élections présidentielle puis législatives sont
loin de l'avoir dissipé.

Ce livre met en œuvre un type d'analyse sociologique particulier qui mérite quelques mots d'explication. La sociologie est marquée aujourd'hui par
une approche fonctionnaliste qui valorise l'expertise et l'audit en réponse à de multiples demandes
institutionnelles. Pour utiles qu'ils soient, la plupart des expertises et des audits dressent un constat
qui tend à réduire les phénomènes sociaux à des
catégories formelles intégrées dans des typologies
plus ou moins sophistiquées. Les contenus de signification sont considérés comme des paramètres à
prendre en considération afin de corriger les dys-
fonctionnements et d'optimiser les performances
des différents domaines d'activité dans le cadre du
« changement » et des réformes. En contrepoint, se
maintient et se développe une « sociologie critique »
qui réduit les évolutions à des phénomènes de domination, d'inégalité ou de discrimination dont le fondement est peu ou prou ramené à une dimension
économique dont le maître mot « néo-libéralisme »

fournirait l'explication. Cette «sociologie» critique alimente des schémas militants gauchistes en intégrant une dénonciation de type moral à la place des anciens dogmes.

Se situant en dehors de ces courants, notre approche privilégie l'étude de l'arrière-fond culturel des sociétés, composé d'idées, de représentations, de valeurs, d'affects qui déterminent un certain «air du temps». Ce dernier ne se réduit pas à des modes, mais il est le signe de mutations structurelles, plus ou moins visibles et conscientes, qui s'opèrent dans l'ensemble de la société.

Les textes publiés ici témoignent d'un travail d'interprétation des faits et des chiffres, des discours et des pratiques. Ils resituent ces données dans un horizon qui, pour l'essentiel, recouvre les trente dernières années et dessine une nouvelle situation sociale et historique paraissant, sous de nombreux aspects, rompre le fil qui reliait encore passé et présent. Lorsqu'ils abordent le domaine politique, ils élucident une façon déconcertante de gouverner que les deux derniers présidents, François Mitterrand et Jacques Chirac, ont particulièrement incarnée. Cette façon de gouverner peut être caractérisée par trois grands traits : fuite en avant, pouvoir informe et «langue caoutchouc[1]*».

La *fuite en avant* caractérise une politique centrée sur l'adaptation dans l'urgence et la précipitation à un monde devenu apparemment chaotique et immaîtrisable. L'adaptation et la gestion au mieux des contraintes deviennent le seul horizon de la

* Les notes sont réunies en fin de volume, p. 261.

politique, sa finalité essentielle faute de capacité à expliquer clairement l'état du monde actuel et d'un projet d'avenir porteur d'une nouvelle idée du progrès dans lequel le pays puisse se retrouver.

*Le pouvoir informe* désigne l'incohérence de l'État dans sa composition interne et dans les politiques suivies. Celles-ci sont le fruit des cohabitations successives et des revirements opérés dans les orientations et les choix politiques, revirements jamais explicités et assumés. Le *pouvoir informe* brouille les responsabilités et les rôles ; incapable de décision claire et de choix cohérent, il verse dans l'opportunisme et la démagogie face à une «demande sociale» éclatée et contradictoire qu'il contribue par son attitude même à entretenir et à développer.

La «*langue caoutchouc*» renvoie enfin à un discours politique qui dit tout et son contraire avec un aplomb déconcertant, dénie les contradictions et les revirements, enrobe l'opportunisme dans des phrases sonores à proportion de leur vacuité, sur le modèle de la communication médiatique et publicitaire.

Ces caractéristiques, combinées à l'impuissance à endiguer significativement le chômage de masse, n'ont cessé d'agrandir le fossé entre gouvernants et gouvernés au fil des années. La volonté de rupture et de nouveauté que veut incarner Nicolas Sarkozy s'éclaire à partir de ces caractéristiques ; dans le même temps ces dernières en révèlent les limites.

## UN ACTIVISME COMPASSIONNEL
## ET MANAGÉRIAL SOUS LE REGARD
## DES MÉDIAS

Le nouveau pouvoir politique a introduit des changements qui en gomment les aspects les plus visibles, sans pour autant remettre en cause ses fondements. Les changements les plus manifestes concernent le langage politique et le style du pouvoir.

L'ancienne «langue caoutchouc» laisse la place à un «franc parler» populiste qui joue constamment sur le registre victimaire et justicier. La parole du nouveau président se veut proche de la réalité de la «vie des gens», de leurs souffrances et de leurs sentiments. En dehors des textes lus et écrits par d'autres, le discours tend à s'aligner sur celui des grands médias audiovisuels en jouant sur le registre de l'authenticité, de l'émotion et de la dénonciation de tous les maux du pays. Il ne s'embarrasse guère de nuances dans l'appréciation de la réalité, l'important en l'affaire étant d'apparaître au plus près du peuple souffrant et d'afficher une volonté qui fait fi des nuances du langage et de la «lourdeur» des institutions. Peu soucieux du respect de la langue, les propos de certains responsables politiques sont hachés, à la limite du tutoiement et de l'argot.

À l'ancien pouvoir informe succède une unité centrée autour de la personnalité du nouveau chef de l'État dans son volontarisme affiché de faire justice et de résoudre pratiquement les multiples problèmes de la société française. Ces derniers sont conçus comme autant de dossiers à traiter et d'objectifs à atteindre, avec une «obligation de résultats» qui intègre d'emblée l'effet médiatique comme dimension essentielle de la réalité. Dans le même temps, le nouveau style présidentiel bouscule les protocoles et les marques institutionnelles les plus voyantes qui distinguent l'État de la société[2]. La personnalisation du pouvoir passe par une implication plus étroite des goûts personnels et de la vie privée dans l'univers politique. Le pouvoir prend ainsi des allures de saga médiatique et mondaine qui fait le bonheur des journalistes et des maisons d'édition spécialisés dans ce type de publications[3].

Enfin, l'hyperactivité du président qui se porte sur tous les fronts donne l'image d'une course folle pour tenter de recoller une société morcelée et de rattraper le retard des réformes. L'activisme managérial et communicationnel participe d'une fuite en avant qui se présente désormais sur le thème de la rupture, où l'avenir du pays demeure toujours aussi énigmatique. Reprenant une formule employée dans d'autres circonstances, il est une politique pour laquelle «la fin n'est rien, le mouvement est tout», ou plus précisément : la complexité du monde actuel et la vitesse des évolutions dans tous les domaines sont telles que la seule politique possible consiste à s'adapter au plus vite, d'une façon qui se veut pragmatique et efficace, à un mouvement devenu à lui-même sa propre fin.

Ces éléments ne sont pas, à vrai dire, d'une radicale nouveauté. Déjà présents antérieurement, à droite comme à gauche, ils n'avaient pas la simplicité et la clarté qu'a su afficher le nouveau pouvoir comme autant de signes manifestes d'une volonté d'aller de l'avant.

Deux traits sont particulièrement frappants dans le style du nouveau pouvoir : un alignement de plus en plus étroit du discours politique sur la logique émotionnelle et spectaculaire des grands médias audiovisuels ; une façon de gouverner proche du management des entreprises qui se veulent à la pointe de la modernité.

Le président se place au centre de l'espace médiatique, multipliant les déclarations et les déplacements personnels sur tous les fronts, en veillant à la diffusion d'images et de messages «forts» qui meublent l'actualité et suscitent des commentaires redondants. Sachant que les grands médias audiovisuels sont friands d'«authenticité émotionnelle», le nouveau pouvoir a poussé jusqu'au bout la logique compassionnelle présente antérieurement en multipliant les déclarations en faveur des victimes les plus diverses. Les interventions du chef de l'État dans ce domaine font écho aux émissions télévisuelles qui étalent quotidiennement la subjectivité souffrante, donnent un large écho aux plaintes de toute nature avec des journalistes et des personnalités du show-biz qui enfourchent le rôle militant de défenseur des malades et des opprimés.

Le chef de l'État répond aux sollicitations des victimes en bousculant la justice, s'investit pratiquement dans des dossiers qui relèvent traditionnellement de ministères particuliers, s'implique dans les

tentatives de résolution immédiate des multiples
problèmes surgissant au gré de l'actualité et des
faits divers. Cette hyperactivité et cette manière de
passer outre les responsabilités, l'expérience et les
compétences présentes dans les différents ministères ne sont pas sans rappeler la figure du jeune
manager dynamique et performant, dirigeant ses
subordonnés avec une motivation sans faille, remettant en cause les habitudes de travail et les organisations bureaucratiques dans une logique de performance totale au service du client-roi. Dans cette
logique, la nation tend à être conçue sur le modèle
d'une entreprise (l'«Entreprise France») et la politique sur celui du management. La mise en scène
politique et médiatique de l'activisme et de la compassion peuvent jouer un rôle cathartique dans l'instant pour une société désorientée. Mais à l'image
des spectacles et des vedettes de télévision, ils sont
vite oubliés. Ses effets ne peuvent qu'être de courte
durée et nécessitent donc un renouvellement inces-
sant.

PERFORMANCES ET SENTIMENTS

Cette façon de faire déroute, et l'on cherche à lui
accoler des attributs qui la rattachent plus ou moins
aux grandes familles politiques de la droite du
passé. La gauche y voit la énième résurgence d'une
droite bonapartiste et populiste toujours prête à
remettre en cause la démocratie. Mais chercher à la

caractériser à partir de grands courants politiques, c'est lui accorder d'emblée une cohérence doctrinale et une ambition historique qui précisément nous semblent faire défaut. La réalité du nouveau pouvoir nous paraît en fait plus banale.

Le style du nouveau pouvoir trouve à s'éclairer à partir des changements culturels et politiques de ces trente dernières années. Nicolas Sarkozy, comme Ségolène Royal, a fait son apprentissage dans la seconde moitié des années 1970 et dans les années 1980, moment charnière où les changements en œuvre dans la société ont déstabilisé nombre de repères collectifs antérieurs[4]. Les grandes idéologies impliquant une vision du développement historique se sont trouvées remises en question et la politique a considérablement réduit ses ambitions. L'idée d'un progrès indéfini a cédé la place à une vision de l'histoire ouverte sur de possibles régressions et des catastrophes naturelles. La politique s'est voulue plus pragmatique, gérant les contraintes et le chômage de masse dans un monde complexe et incertain. C'est dans le cadre de cette désarticulation des sociétés démocratiques et de la politique avec l'histoire que se sont développés deux traits qui prennent aujourd'hui une acuité particulière : l'individualisme narcissique ; l'entreprise et le management comme modèles de performance pour l'ensemble des activités sociales.

L'érosion des institutions et de la culture historique s'est accompagnée de la montée d'un individualisme désaffilié et crispé pour qui l'affirmation et l'épanouissement personnels dans le présent deviennent des finalités essentielles. Ces années ont été caractérisées comme l'«ère du vide» marquée par le culte de l'ego, le règne de l'image et de la séduction[5], ou encore comme celles de la «culture narcissique» caractérisée par l'«invasion de la société par le moi» et l'«affirmation d'une sensibilité thérapeutique» accompagnant la dépréciation du passé et l'incapacité à faire face à l'avenir[6].

Avec le déclin du sens historique et de l'institution, la recherche de la réalisation personnelle prend la forme d'une autoconstruction qui met en jeu ses propres forces, sa volonté, ses qualités et ses compétences, dans une stratégie de compétition et de réussite individuelle visible dans le présent. L'individu se doit d'être autonome et performant dès le plus jeune âge, en même temps qu'il doit manifester tous les signes de son épanouissement. La thématique omniprésente du «développement personnel» englobe ces dimensions. Le modèle de la performance se double de celui d'un «mieux-être» supposant de parvenir à un rapport harmonieux avec soi-même («être bien dans son corps et dans sa tête» et «mourir en bonne santé»), avec les autres («rester maître de ses émotions et maîtriser les conflits») et avec la nature («vivre en harmonie avec elle»).

Ce nouveau modèle de bon comportement place les individus dans des situations paradoxales et impossibles à assumer, entraînant son lot de fatigue, de stress et de dépressions[7]. Le rapport aux autres en est considérablement affecté. Dans la logique de l'affirmation de soi, l'autre représente la figure possible du concurrent ou l'incarnation d'une réussite enviée. Dans celle de l'épanouissement, autrui est un semblable avec qui partager ses émotions et avec lequel on «prend du plaisir ensemble» en goûtant l'instant présent. L'une et l'autre de ces figures plus ou moins fantasmatiques peuvent coexister ou prévaloir selon les moments. Les références à l'histoire, à la solidarité collective et à l'institution comme instance tierce permettant de relativiser le moi et la relation duelle, s'érodent au profit d'une logique d'affirmation dans le présent et de rapports interindividuels dominés par les affects, les sentiments et le ressentiment. On comprend dans ces conditions que la psychologie — et ses avatars — occupe une place sans précédent dans la culture contemporaine : elle sert d'infirmerie sociale à l'érosion de la culture historique et des institutions[8]. Dans cette situation de déculturation où l'individu ne trouve pas à s'insérer dans une histoire collective et un ordre institutionnel stable, les thérapies visant à stimuler les bons comportements sont légion. Le développement personnel implique de savoir «composer avec ses émotions», de «réprimer ses humeurs sombres», de développer une «attitude positive» dans le rapport avec soi-même, les autres et son environnement. Dans un monde qui paraît sans pitié, la «motivation» et la «convivialité» s'érigent en nouvelles normes qui refoulent le conflit et entendent éradiquer tout signe de mal-être et d'agressivité. La condamnation de la violence ne concerne plus seulement les atteintes physiques aux personnes, mais elle doit désormais s'appliquer aux violences «verbales» et «psychologiques» par une éducation ad hoc qui commencerait dès la maternelle.

### RUPTURE ET PERFORMANCE

Dans les années 1980, l'entreprise et le management ont été d'autre part valorisés comme ils ne
l'avaient jamais été auparavant. Dans une société
désenchantée et désorientée, l'entreprise est apparue à beaucoup comme un pôle de référence, mettant en œuvre des valeurs et des pratiques collectives
qui doivent s'adapter en permanence à un monde
complexe et mouvant. Les nouveaux managers se
sont voulus en dehors de toute idéologie, proches du
terrain, soucieux avant tout d'efficacité dans la réalisation d'objectifs délimités qui collent aux exigences des clients, aux aléas des marchés et de la
concurrence. Leurs discours et leurs pratiques sont
en fait allés bien au-delà de cette dimension pragmatique[9].

Avant de devenir un thème clé des présidentielles,
la «rupture» a été mise en avant par le management
moderniste des années 1980. Les changements dans
le travail et l'entreprise ont été présentés comme
«révolutionnaires», impliquant un changement radi-
cal des mentalités. Comme l'a dit si bien Peter Drucker, conseiller en management : «Dans une période
révolutionnaire comme celle que nous vivons, le
changement est la norme[10]»; il s'agit d'accomplir
un «virage à 180 degrés dans la pensée et les actes
de la plupart d'entre nous — même ceux de la jeune
génération — dans ce que nous tenons encore pour
assuré dans nos façons de penser et d'agir[11]». La
vision globale des évolutions du monde est celle

d'un mouvement perpétuel sans but ni sens autre que celui de s'y adapter au plus vite. Le rythme du changement paraît tel qu'il semble pour le moins difficile d'établir des éléments de stabilité et d'anticiper les évolutions à long terme. L'adaptation dans une logique de la survie et de l'urgence impose son rythme effréné. «Motivation», «challenge», «réactivité», «mobilité», «flexibilité»… sont des valeurs de référence, tandis que l'exigence de références stables et plus structurantes devient synonyme d'immobilité et de refus du changement.

Il importe avant tout de réagir au plus vite et de gérer au mieux la «complexité», avec de multiples boîtes à outils adaptées aux diverses situations. Les pratiques mises en œuvre valorisent l'autonomie et la responsabilité, le «projet partagé», le «contrat par objectifs»… avec l'évaluation des compétences et des résultats. Expertises, audits et conseils en tout genre vont se multiplier dans les entreprises et les administrations. Les nouveaux modes d'organisation mis en place réduisent les échelons de la hiérarchie, décloisonnent les différents services afin de créer des «synergies» et de rendre l'activité plus efficace. Le pouvoir dans l'entreprise fait appel à des spécialistes, met en place des groupes de travail composés d'experts et de «personnalités extérieures» qui doublent les services déjà existants.

Les multiples outils développés s'accompagnent d'un modèle de la performance sans faille qui dénie les échecs, refuse tout «droit à l'erreur». Les stages portant sur le comportement et les relations humaines ont massivement développé ce modèle, offrant à chacun d'«être leader» et de «motiver en mobilisant la position de vie de gagnant[12]». Intériorisé par les individus, ce modèle de la performance sans faille et du perpétuel gagnant aboutit à une course effrénée et sans fin pour atteindre des objectifs sans cesse renouvelés. Il a pénétré tout autant l'entreprise que les milieux sportifs professionnels et le vocabulaire du sport et celui du management tendent de plus en plus à se confondre.

On comprend qu'une entreprise privée soit particulièrement attentive aux exigences des clients, aux évolutions du marché et de la concurrence. L'adaptation du fonctionnement de l'État dans sa dimension administrative et opérationnelle est une nécessité. Mais, au nom de l'adaptation nécessaire, ce modèle de la performance a généré une vraie déstabilisation. Le «zéro défaut», la «qualité totale» au moindre coût et dans les délais les plus brefs avec des budgets resserrés et du personnel réduit ont entraîné une intensification du travail et une fragilisation des collectifs de travail qui ne sont pas étrangers au phénomène dit du «harcèlement moral». L'organisation est sans cesse soumise à de multiples remaniements, donnant l'impression de «construire sur du sable». De nouveaux services sont créés sans que les anciens soient pour autant supprimés, les attributions des uns et des autres se recoupent et se superposent dans la confusion. Un tel système crée un état d'instabilité permanente qui mêle l'écheveau des responsabilités et des compétences. Il aboutit à des blocages et finit par devenir contre-productif. Ces pratiques développées par le management moderniste depuis les années 1980 sont reprises aujourd'hui au sommet de l'État. Appliqués aux institutions, les effets risquent d'être ravageurs.

## UN GAULLISME DEVENU SENTIMENTAL

La comparaison de la politique menée aujourd'hui avec les conceptions de la modernisation et de la fonction présidentielle mises en œuvre aux origines de la Vᵉ République permet de mesurer le changement opéré.

Le gaullisme s'appuyait sur une certaine « idée de la France » liée à une vision épique de l'histoire. Face à un peuple inconstant et qui commet souvent des fautes, l'exigence gaulliste impliquait une idée aristocratique de la grandeur : la médiocrité est un trait « anormal » et le génie de la France est toujours préservé pourvu que de grands hommes sachent l'incarner et le faire revivre : « Le côté positif de mon esprit me convainc que la France n'est réellement elle-même qu'au premier rang ; que seules, de vastes entreprises sont susceptibles de compenser les ferments de dispersion que son peuple porte en lui-même ; que notre pays, tel qu'il est, parmi les autres, tels qu'ils sont, doit, sous peine de danger mortel, viser haut et se tenir droit [13]. »

Cette idée de la France s'est trouvée très vite mise à mal par les effets sociaux et culturels de la modernisation entamée depuis la fin de la Seconde Guerre mondiale. S'« il est vrai que, face aux grands périls, le salut n'est que dans la grandeur[14]», la situation de la France après la fin de la guerre d'Algérie ne paraît plus en péril et l'idée de grandeur semble passablement effacée au profit du développement du bien-être et de la consommation. Les aspirations nouvelles présentes au sein de la société et le développement des grands moyens de communication cadrent mal avec le caractère sacré de l'État gaullien, sa conception de la grandeur et de l'histoire. Mai 68 est précisément au cœur de cette contradiction[15].

Le gaullisme a construit un récit historique en partie mythique. Se méfiant des ferments de dispersion du peuple français, il ne se souciait pas outre mesure de la société et dissimulait la réalité effective de la puissance du pays. Il a développé une sorte de «monarchie républicaine», soumettant le législatif à l'exécutif, faisant du chef de l'État le représentant et le mandataire de la Nation dont nul n'était vraiment autorisé à contester l'autorité suprême pendant l'exercice de son mandat[16]. Aujourd'hui, le gaullisme originel est bien mort. Il s'est redéployé sous une forme nostalgique et sentimentale pendant la campagne électorale et il peut toujours servir de supplément d'âme à l'activisme présidentiel. Mais certaines idées gaullistes ne sont pas sans importance en regard du présent marqué par l'activisme des réformes et l'érosion des institutions.

Décrivant dans une conférence la façon dont le général de Gaulle envisageait la modernisation de la France[17], Edgard Pisani, qui fut son ministre de l'agriculture, a développé une comparaison imagée

particulièrement signifiante. Il parlait d'un homme
qui voyage en avion. Celui-ci sait d'où il part et il
connaît la destination qu'il a choisie. Le paysage
qui défile devant lui à travers le hublot, disait-il en
substance, c'est la France en train de changer et il
y a un pilote dans l'avion qui sait vers quelle destination il emmène ses passagers. On ne demande
pas au pilote, et moins encore à ceux qui voyagent,
d'être des mécaniciens et de réparer le moteur... À
l'époque, la modernisation de la France est menée
dans le cadre du développement économique des
Trente Glorieuses, l'État-providence se porte bien,
l'internationalisation des échanges demeure encore
limitée et la nation apparaît alors comme un cadre
suffisamment protecteur... On ne reviendra pas en
arrière, les conditions historiques ne sont plus les
mêmes et les défis différents, mais on peut estimer
que l'absence de «destination», de vision historique,
la difficulté à insérer les réformes nécessaires dans
un avenir discernable renforcent le malaise français et européen.

Dans la conception gaullienne, le président de la
République, dans la mesure où il représente et
incarne l'unité politique de la nation, se place au-
dessus de la société, de ses querelles et de ses
humeurs. Une telle conception implique à la fois
une dimension démocratique, par le fondement de
sa légitimité basée sur le suffrage universel, et une
dimension aristocratique, par le type de vertu qu'elle
exige, vertu liée à la nature de la fonction présidentielle qui a sa propre dignité. Celle-ci suppose un
type d'homme politique plutôt rare: «D'une intégrité qui confine parfois à l'ascétisme, ils sont trop

aristocratiques pour nourrir un attachement au pouvoir et un goût de la popularité à bon marché[18]. » Au-delà du caractère « sacré » de l'institution et de l'idée du recours à l'homme providentiel qu'a pu développer le gaullisme, cette conception de la présidence de la République n'en traduit pas moins l'exigence d'une distance nécessaire avec la société qui permet précisément au chef de l'État non seulement d'être doté de moyens d'action, mais de se placer « au-dessus des fluctuations », de sauvegarder l'unité et d'être un recours possible face aux divisons et aux conflits de la société.

Par-delà les formes historiques particulières que cette fonction peut prendre, elle nous paraît fondamentalement reposer sur une dimension anthropologique de l'existence sociale : toute collectivité humaine a besoin d'une instance qui se détache d'elle pour figurer sa cohésion et sa perpétuation, pour se penser comme sujet collectif capable d'agir ; l'écart entre le pouvoir et la collectivité, la dissymétrie entre dirigeants et dirigés sont constitutifs de la vie en société[19]. Qu'en est-il lorsque le président évolue sur la vague victimaire et sature l'espace public de sa présence en espérant recoudre les morceaux de la société ?

L'activisme du nouveau pouvoir marque l'accélération d'une fuite en avant clôturant par là même un cycle politique sans que se manifeste un renouveau. Si la politique menée connaissait l'échec, il en résulterait un plus grand chaos dans le pays. Cette nouvelle épreuve serait-elle salutaire dans l'optique d'une reconstruction ?

*Novembre 2007*

# CHAPITRE I

## CATHARSIS
## POUR UN CHANGEMENT
## D'ÉPOQUE*

L'élection présidentielle de 2007 mérite une attention particulière, parce qu'elle marque un rajeunissement de la classe politique et qu'elle a mis aux prises, entre les deux tours, une femme et un homme politiques dont les postures et les styles — entendus comme des façons de parler, d'agir, de se comporter politiquement et de se démarquer des autres — ont semblé nouveaux et déconcertants sur de nombreux points. Ces aspects peuvent paraître secondaires au regard des propositions politiques, mais ils n'en sont pas moins révélateurs de la façon dont les candidats envisagent leur rapport avec le peuple qu'ils entendent représenter et la fonction qu'ils entendent occuper.

L'élection du président de la République au suffrage universel constitue un moment central et particulier de la vie politique du pays. Dans la tradition gaulliste de la Ve République, elle se distingue des autres élections dans la mesure où le président de la République n'est pas seulement celui qui prétend

* *Le Débat*, n° 146, septembre-octobre 2007.

mettre en application les réformes qu'il estime indispensables, mais celui qui est porteur d'une certaine idée du pays et de son avenir en étant capable de restituer ses réformes dans les grandes évolutions du monde. La campagne présidentielle de 2007 cadre mal avec une telle conception. Les questions internationales dans les discours et les débats ont tenu une place minime. La confrontation a porté avant tout sur la façon de sortir le pays de la crise par la multiplication de propositions de réforme dans les champs d'activité les plus divers. Ce qui semblait traditionnellement relever des élections législatives — voire régionales ou municipales dans le détail des questions qui furent posées aux candidats — a occupé une place essentielle dans les débats.

À cette multiplication de propositions dans tous les domaines en réponse aux multiples sollicitations de la société s'est ajouté, de la part des deux principaux candidats, un pathos peu commun de la souffrance et de l'amour. C'est là un des points les plus frappants et nouveaux de cette campagne. Si l'évocation oratoire de ceux qui sont abandonnés et qui souffrent a toujours été présente dans les discours électoraux, elle a atteint cette fois une intensité inégalée. Elle a été accompagnée en contrepoint d'une exaltation de l'amour à laquelle aucune des précédentes campagnes n'avait donné lieu. Les deux principaux candidats ont d'autre part fait valoir leur individualité particulière, leurs goûts et leurs sentiments personnels comme partie intégrante de leur combat pour accéder à la fonction présidentielle ; l'implication de leur vie privée dans leur vie politique a été portée à son plus haut point. Ce sont précisément ces traits nouveaux que cet article se propose d'explorer.

Au vu de l'écho qu'a rencontré la campagne électorale et au vu de la participation des électeurs aux deux tours de l'élection présidentielle, les Français ont manifesté de nouveau leur intérêt pour la politique. L'abstention et le vote protestataire aux extrêmes ont été battus en brèche. La passion qui s'est emparée des Français pour la compétition électorale, les fluctuations d'une partie de l'électorat peuvent être interprétées comme la manifestation d'un comportement politique plus libre, moins idéologique et partisan que par le passé. Prenant acte de ces réalités nouvelles, de nombreux commentateurs en ont conclu un peu vite à une bonne santé de la démocratie française.

Pour mieux apprécier ce qu'il en est, il nous paraît nécessaire d'examiner l'arrière-fond culturel de ces élections. Les préférences partisanes, l'adhésion à des idées et à des propositions politiques, le jugement porté sur les compétences des candidats… demeurent essentiels dans le choix des électeurs pour un candidat. Mais ce choix met également en œuvre des mécanismes d'identification ou de rejet qui échappent à la rationalité politique ou au calcul des électeurs. Cette dimension n'est pas une simple affaire de psychologie. Elle renvoie à une situation historique et sociale particulière, à un état donné des rapports sociaux et à des représentations qui imprègnent plus ou moins consciemment la société et façonnent un certain «air du temps». La campagne présidentielle de 2007 s'y inscrit pleinement.

Si une page politique est en train de se tourner, il
convient d'apprécier plus précisément sa nature et
sa portée, de mesurer les éléments de continuité et
de discontinuité avec la période antérieure, de cerner plus précisément sur quoi porte cette « rupture »
dont on a tant parlé.

### LES CANDIDATS DE LA FRANCE
### QUI SOUFFRE

En 2002, après avoir été élu triomphalement face
à Jean-Marie Le Pen, Jacques Chirac déclarait dans
son discours du 14-Juillet qu'il ouvrait trois « chan-
tiers prioritaires » : la lutte contre le cancer, la sécurité routière, la condition des handicapés, objectifs
qui auparavant relevaient plus des ministères de la
Santé et des Transports que des fonctions du chef
de l'État. La campagne présidentielle de 2007 a
considérablement accentué les traits de ce nouveau
rôle dévolu au président de la République.

Dans leur volonté de réduire le vote aux extrêmes
et de reconquérir une partie des couches populaires, les candidats ont très vite intégré le thème
de la souffrance dans leurs discours de campagne.
Dans le rôle de représentant naturel des pauvres,
de défenseur des opprimés, l'extrême gauche a toujours excellé, jouant sur la mauvaise conscience,
concurrençant la gauche traditionnelle et cherchant à la culpabiliser. Ce phénomène se retrouve à
l'autre extrême de l'échiquier politique avec le

Front national et son «franc-parler». En reprenant
à leur compte un type de procédé semblable, les
deux principaux candidats les ont privés de leur
terrain de prédilection.

«La France présidente, déclare Ségolène Royal,
c'est celle qui posera les mots justes sur les souffrances et les espérances des Français, et notamment de ceux qui se sont éloignés en ayant le
sentiment de ne plus compter pour rien[1].» Nicolas
Sarkozy semble lui répondre comme en écho : «Un
homme politique digne de ce nom doit être capable
de se mettre à la place de ceux qui souffrent et non
pas de ceux qui ne souffrent pas. Je dis d'ailleurs à
la droite et au centre que nous avons fait une grave
erreur dans les années passées, de laisser à la
gauche le monopole de la défense des injustices[2].»

La gauche, qui antérieurement parlait volontiers
d'exploitation des travailleurs, a été la première à
mettre en avant le terme de souffrance pour caractériser les effets des bouleversements introduits dans
le travail en entreprise et dans les administrations[3].
La souffrance est devenue ensuite le thème fédéra-
teur de situations diverses et de maux de nature
différente, englobant dans une même approche
problèmes sociaux, revendications identitaires, maladies et handicaps... Les SDF, les «sans-papiers»,
les chômeurs, les travailleurs précaires, les licenciés... se sont ainsi retrouvés mis sur le même plan
que les femmes et les enfants battus ou violés,
les vieillards, les malades atteints de pathologies
diverses, les handicapés physiques ou mentaux, les
accidentés de la route... Par-delà leur situation particulière, la souffrance et le sentiment d'être une

victime constituent leurs points communs. La dénonciation morale et personnalisée de coupables, l'exigence de reconnaissance du statut de victime par
l'État, la demande de sanctions exemplaires constituent des modalités nouvelles de lutte d'associations avec lesquelles les organisations syndicales et
les partis politiques ont dû composer.

«Savoir écouter la souffrance», exigence requise
pour les médecins et les psychologues dans une
relation de type thérapeutique, est devenu un mot
d'ordre politique au risque de la démagogie et de la
confusion généralisée des genres et des fonctions.
Multipliant les images saisissantes dans leurs discours de campagne, les deux candidats ont mis en
exergue des situations dramatiques bien réelles.
Leur discours politique a pris alors la forme d'un
témoignage émouvant né de la rencontre avec les
différents visages de la France qui souffre, témoignage qui illustre en même temps leurs thèmes privilégiés de campagne et renforce le bien-fondé de
leurs propositions.

S'appuyant sur des réalités dramatiques, le tableau
qu'en dresse Ségolène Royal retrouve parfois les
traits de la France des romans sociaux d'Eugène
Sue : «Jamais, vous m'entendez, jamais non plus,
proclame-t-elle, je n'oublierai tout ce qui m'a été dit.
Odile, cette mère célibataire, admirable de courage
et de dignité, qui attend un logement depuis quatre
ans et qui m'a raconté sa honte de vivre avec ses
deux filles dans une chambre de douze mètres carrés. Je n'oublierai jamais ces petits retraités qui sont
venus tout discrètement dire que depuis quelques
années ils ne faisaient plus qu'un repas par jour. Je

n'oublierai jamais cette dignité des pères des familles bafouées parce qu'ils sont au RMI et qu'ils font semblant de se lever le matin pour que leurs enfants aient le sentiment qu'ils ont un vrai travail. Jamais je n'oublierai ces cris de détresse silencieuse, ces vies brisées, ces familles humiliées, ravagées par l'injustice, ces destins marqués au sceau d'une malédiction qui ne dit pas son nom, les inégalités et les précarités[4]. »

Dans l'attention sincère que Ségolène Royal porte aux victimes, les femmes et les handicapés tiennent une place particulière. Quand la figure de la femme et de sa beauté se conjugue avec celle du handicap, l'impact émotionnel est le plus grand. Saluant au congrès de l'Union nationale pour l'insertion du déficient auditif, la première Dauphine de Miss France qui est sourde, la candidate déclare : « Les images de votre élection étaient bouleversantes, lorsque vous avez pris la parole pour affirmer devant la France entière que les sourds ont les mêmes capacités que les autres et pour réclamer l'accessibilité à la télévision. Bravo pour votre courage[5] ! »

Pour celle qui est venue au socialisme par le féminisme, les « femmes sont les premières victimes de toutes les formes de violence[6] » (« un viol commis en France toutes les deux heures », « une femme qui meurt sous les coups de son conjoint tous les trois jours »[7]). Mais cette primauté concerne tout autant le chômage, le travail précaire, les bas salaires, les petites retraites… La femme prend, si l'on peut dire, la figure de la « super-victime » condensant toutes les violences, les injustices sociales et les discriminations de cette société. Le ressort de toutes les

inégalités semble résider dans l'inégalité homme-
femme, de telle sorte que la lutte pour la libération
des femmes est celle de tous les opprimés. Le combat pour les femmes résume ainsi tous les autres et
la place que Ségolène Royal lui confère n'est pas sans
rappeler celle autrefois attribuée au prolétariat.

## LE PARTAGE DES VICTIMES

À vrai dire, dans le registre du discours victimaire, Ségolène Royal a eu fort à faire avec son
principal concurrent. Nicolas Sarkozy est allé, lui
aussi, à la rencontre des Français qui souffrent et
il l'a fait savoir. Tout en cherchant à n'oublier personne, chacun des deux candidats est particulièrement sensible aux catégories de victimes qui
conviennent le mieux à ses thèmes de campagne, à
son public privilégié et à ses électeurs. Les victimes
et l'émotion n'appartiennent pas à un camp, même
si elles ne sont pas tout à fait les mêmes et se décli-
nent différemment.

Avec un talent oratoire et un texte mieux écrit,
Nicolas Sarkozy a su évoquer par quelques images
saisissantes les drames en liaison avec ses thèmes
de prédilection. Lors du grand rassemblement de
Bercy, il a fait part de son émotion ayant «dans sa
mémoire» «la douleur des parents de cette jeune
fille brûlée vive dans un bus auquel les voyous
avaient mis le feu pour s'amuser», «la voix de ce
petit garçon» qu'il «tenait par la main devant le cer-

cueil de son père gendarme» et qui le «tirait par la manche en disant: "Sors mon papa de la boîte!"»», ou encore «l'image de la jeune Ghofrane battue à mort et atrocement torturée parce qu'elle refusait de donner son numéro de carte bleue à ses bourreaux»[8]...

Face à Ségolène Royal qui privilégie un type de victimes, c'est à une autre partie significative de la France souffrante que Nicolas Sarkozy tient à s'adresser en priorité. Il sait que la gauche ces dernières années en a peu parlé, et c'est avec elle qu'il peut l'emporter: «Je veux parler d'une autre souffrance, bien réelle, qui ne doit pas être sous-estimée: celle de la France qui n'est pas dans la précarité, qui se lève tôt, qui travaille dur, qui se donne du mal pour nourrir sa famille et élever ses enfants, qui elle aussi, je l'affirme, est à la peine, et qui entend qu'on le sache et qu'on réponde à son appel[9].» Les victimes appartenant à cette catégorie sont elles aussi nombreuses: le jeune qui ne trouve pas à se loger, «l'habitant de la commune rurale qui ne peut rien faire sans sa voiture», «le petit commerçant qui voit chuter la valeur de son fonds de commerce», «la mère de famille qui élève seule ses enfants», «le salarié qui veut travailler plus pour gagner plus», «le jeune diplômé qui a le sentiment que tout est fait pour l'empêcher d'avancer», le petit entrepreneur qu'on écarte systématiquement d'un appel d'offres, «le fonctionnaire qui vit mal la paupérisation de l'État»[10]...

Nicolas Sarkozy n'a pas pour autant dédaigné les victimes de prédilection de son adversaire. Il a tenté de désamorcer les critiques en la concurrençant sur son propre terrain : « Lorsque jeudi dernier, je me suis rendu à l'association "Cœur de femmes" qui accueille les femmes qui ont été battues, jetées à la rue, déchiquetées par la vie, et qu'une jeune maman marocaine me raconte de façon poignante qu'elle est divorcée d'un Français (ce qui l'empêche d'obtenir ses papiers) et que son fils de trois ans est dans le coma depuis quatre mois à l'hôpital Robert-Debré à la suite d'un traumatisme crânien, eh bien, mes jugements s'approfondissent [11]. »

La femme représente pour lui aussi la figure d'une super-victime, mais avec une conception qui paraît à l'opposé de son adversaire féministe : « Une femme qui souffre de la maladie d'Alzheimer, c'est une femme doublement fragile. Fragile parce que c'est une femme, fragile parce qu'elle est malade [12]. » Il n'oubliera pas non plus « ces familles immigrées, ces pères, ces mères, ces enfants brûlés vifs dans l'incendie de cet hôtel sordide où on les avait entassés parce qu'on n'avait pas les moyens de les loger plus convenablement [13] », comme il n'oubliera pas les SDF, les habitués des Restos du cœur et des centres sociaux, les RMistes et les jeunes sans emploi…

Cette concurrence pour gagner les faveurs du peuple souffrant passe également par la façon dont chaque candidat s'est présenté lui-même comme une plus grande victime que son adversaire. En tant que « femme libre et insoumise », Ségolène Royal ne manque pas de rappeler que dans cette campagne « rien ne lui aura été épargné ». Face à l'homme Nicolas Sarkozy et contre ceux qui critiquaient ses erreurs et son manque de professionnalisme, elle

n'a pas hésité à faire jouer l'argument de la misogy-
nie et du machisme : « Nous subissons des attaques
qu'aucun homme ne subit et il y a toujours un doute
sur notre capacité à exercer le pouvoir[14]. » À l'inverse, Sarkozy a fait valoir son statut de victime du
politiquement correct et de la pensée unique, soulignant lui aussi que rien ne lui a été épargné. Et
contre ses adversaires qui l'accusent de flirter avec
l'extrême droite, il a su rappeler les attaques de
Le Pen à son endroit, l'accusant de n'être pas un
Français de souche. La gauche d'habitude si prompte
à dénoncer la xénophobie et le racisme s'est montrée plutôt discrète en cette occasion. Au cours de la
campagne, chacun des deux candidats s'est tour à
tour présenté à la fois comme celui qui avait reçu
le plus d'attaques personnelles durant cette campagne, et celui qui a su rester le plus digne sous les
coups.

## LA SOUFFRANCE
### COMME ARGUMENT D'AUTORITÉ

Enfin, *last but not least*, la souffrance et la victimisation ne sont pas seulement évoquées dans les
discours, elles peuvent aussi servir d'arguments
d'autorité dans les débats. Quand une femme battue
raconte sa souffrance et son angoisse, il est pour le
moins difficile de mettre en doute l'authenticité de
sa parole, mais aussi d'interroger le court-circuit
qu'opère Ségolène Royal entre le vécu de la souf-

france et la justesse de sa proposition visant à ajouter une loi sur les femmes battues et à instaurer un
«délit de violence psychologique». Le comble de
l'émotion est atteint lors d'un «débat participatif» à
Roubaix[15], quand «Maryline», la voix tremblante,
raconte sa fuite du domicile conjugal à la suite des
coups que lui inflige son mari, sympathisant du
Front national. Son appel pathétique à Ségolène
Royal pour qu'elle s'occupe d'elle comme de tous
les malheureux vaut tous les arguments du monde
sur le bien-fondé ou non de ses propositions politiques.

Nicolas Sarkozy opère un même type de court-
circuit de la raison quand il juxtapose un fait divers
atroce, du type «Vous savez, moi j'ai vu les parents
du petit Mathias, violé et noyé dans la Nièvre[16]»,
avec ses projets de loi sur la justice. L'invocation
des victimes rencontrées et qui semblent acquies-
cer à ses propositions sur les heures supplémen-
taires désarçonne pareillement le contradicteur sur
le ton de l'évidence: «Il y a des gens qui souffrent.
Quand je vais dans les usines, j'y ai été quasiment
tous les jours, et que je dis aux ouvriers: "À quoi ça
sert les RTT quand on n'a pas de quoi payer des
vacances à ses enfants?", ils comprennent. Qu'est-
ce que vous voulez que je vous dise[17]?» La souffrance et la parole des victimes, avec, si possible,
un témoignage particulièrement saillant, n'impliquent pas de longs débats.

### LA DÉMOCRATIE PARTICIPATIVE
### DE LA COMPASSION

L'expression publique de la souffrance a lieu tous les jours à la télévision. Nombre d'émissions sur les chaînes publiques ou privées mettent en scène quotidiennement le spectacle de femmes, d'hommes et d'enfants confrontés à des situations plus ou moins dramatiques dans leur vie privée comme dans leur vie publique. Les journalistes des grands médias audiovisuels qui savent jouer sur l'émotion ont depuis des années amené les hommes politiques à réagir au plus vite à l'émotion suscitée par la vue de la souffrance et de la misère les plus criantes aux heures de grande audience. Dans ce domaine, l'image d'une mère africaine expulsée tenant dans ses bras un bébé dans un gymnase ou celle d'un SDF dormant le long d'un quai suscitent une indignation à laquelle il paraît difficile pour un homme politique de ne pas répondre dans l'urgence et la précipitation, s'il ne veut pas apparaître comme un homme sans cœur ou un « salaud ».

Durant la campagne électorale, les candidats se sont trouvés sur les plateaux de télévision face à des journalistes et à des participants disposés en arc de cercle. Les questions posées relevaient souvent plus de l'assistance sociale ou de la thérapie que de la fonction présidentielle telle qu'on la concevait auparavant. Confrontés en direct à l'expression de la subjectivité souffrante, les candidats ont dû répondre

sans perdre pied. Dans ce genre d'exercice, le rôle
des journalistes est surtout de transmettre les
plaintes et les messages divers du genre de celui qui
fut adressé un soir à Nicolas Sarkozy : « Il y a un
monsieur qui ne pouvait pas appeler ce soir. Il a
quatre-vingts ans. Je vous lis, il nous a envoyé une
lettre, il nous a demandé de poser la question. Il dit :
"Si vous aviez quatre-vingts ans, une retraite men-
suelle de 1 500 euros, et si vous deviez payer chaque
mois 1 370 euros de pension pour votre conjoint
placé depuis dix ans dans une maison de soins de
longue durée, que feriez-vous[18] ?" » Une telle question risque de laisser sans voix le citoyen ordinaire,
mais la plupart des hommes et des femmes politiques, surtout lorsqu'ils sont en campagne, se doivent d'avoir réponse à tout.

Leur propos est à chaque fois structuré pareillement. Dans un premier temps, il consiste à comprendre et à compatir. Dans un deuxième temps, la
réponse s'élève à un degré de généralité tel que le
rapport avec la question précise ne va pas de soi.
Enfin, dans un troisième temps — et c'est là l'essentiel —, le candidat propose des remèdes qui ne sont
autres que les changements auxquels il procédera
une fois élu à la tête de l'État. Les mesures propo-
sées doivent pouvoir répondre à un panel d'intervenants et à des situations variées : chef d'entreprise,
agent hospitalier, mère de famille monoparentale,
vendeur radio téléphone hi-fi, handicapé, retraité,
malade du cancer en recherche d'emploi... Dans cet
exercice difficile, Ségolène Royal a dû affronter à la
télévision une cascade de témoignages dramatiques
dans une émission qui ressemblait à un service

chargé de recueillir les plaintes et les lamentations. Les questions politiques se sont trouvées submergées par des demandes auxquelles la candidate s'est efforcée de répondre tant bien que mal. Que faire pour cette maman qui a élevé quatorze enfants, dont le mari est décédé et qui ne reçoit qu'un peu plus de 60 % comme pension de réversion? Que dire à cette personne dont la sœur qui «n'a plus de fonctions motrices dans le cerveau» est «quasiment devenue un peu une loque» et que l'hôpital psychiatrique ne peut plus accueillir? Que répondre à cet intervenant, sans emploi, «actuellement alcoolique abstinent», qui demande plus d'aide à l'État et qui est scandalisé par les bouteilles d'alcool en vente libre, dépourvues des étiquettes que l'on trouve sur les paquets de cigarettes[19]?... Les questions posées n'étaient pas forcément très claires, mais la candidate se devait de les reprendre en soulignant qu'elle les comprenait. Elle remerciait parfois l'interlocuteur pour ce «cri du cœur», saluait la «force» et le «courage» de son témoignage, avant d'aller puiser dans ses propositions celles qui lui paraissaient le plus en rapport avec ce qui venait d'être dit.

Le point culminant de l'émotion fut atteint lorsqu'un monsieur atteint de sclérose en plaques depuis trente-quatre ans, invalide en fauteuil roulant, ne put retenir son émotion, affirmant dans un sanglot: «La normalité c'est le handicap.» La candidate hésita, puis se précipita vers lui, esquissant des paroles de réconfort et un geste pour le toucher[20]. Aucune émission politique à la télévision, lors d'une campagne pour l'élection présidentielle, n'avait auparavant donné lieu à une telle scène.

### L'AMOUR RÉDEMPTEUR

Cette «écoute de la souffrance» s'accompagne comme en contrepoint d'une rhétorique de l'amour dont les termes ne manquent pas non plus d'étonner. Les Français avaient déjà pu entendre de curieuses paroles émises par ceux qui incarnaient la plus haute fonction de l'État. Dans sa dernière apparition télévisée le 31 décembre 1994, François Mitterrand, malade et affaibli, terminait son discours par ces paroles énigmatiques : «Je crois aux forces de l'esprit, et je ne vous quitterai pas.» Dans son discours du 11 mars 2007 annonçant qu'il ne se représentait pas, Jacques Chirac faisait pour la première fois une déclaration d'amour aux Français à la télévision : «Pas un instant, vous n'avez cessé d'habiter mon cœur et mon esprit. Pas une minute, je n'ai cessé d'agir pour servir cette France magnifique. Cette France que j'aime autant que je vous aime[21].» Une nouvelle étape a été franchie par les deux principaux candidats pendant leur campagne.

Contre la division et la brutalité imputées à son adversaire, Ségolène Royal appelle les Français à «s'aimer davantage les uns les autres parce qu'ils s'aimeront dans une France réconciliée et forte sur ces valeurs fondamentales [valeurs de paix civile et d'harmonie sociale]. C'est cela l'enjeu de l'élection présidentielle[22]». Cet amour paraît semblable à celui d'une mère, étendu à tous les enfants du pays : «Je veux pour tous les enfants qui naissent et qui grandissent en France ce que j'ai voulu pour mes propres enfants[23]. » Quittant parfois la lecture fastidieuse de son texte débité sur un ton monocorde, elle se risque à quelques improvisations où en tant que femme et mère elle exprime toute sa colère contre les injustices et tout son amour sincère pour les pauvres gens. Chaque rassemblement de campagne comporte ainsi des « séquences de pure émotion » avec des ovations qui durent plusieurs minutes.

Dans le domaine de l'amour comme dans celui de la souffrance, la concurrence est vive entre les deux candidats. Dans un registre plus « fraternel », Nicolas Sarkozy n'a pas non plus hésité à s'aventurer sur ce terrain : « La fraternité, ce n'est pas que l'affaire de la société civile. Ce n'est pas seulement la préoccupation du monde associatif. Ce doit être le combat d'un président de la République : la Fraternité ! Car sans elle on ne peut pas rassembler[24]. » Il exalte tour à tour le « message que la Grèce a mis dans la bouche d'Antigone quand elle dit : "je suis née pour partager l'amour, non pour partager la haine" », « deux mille ans de christianisme », « Jeanne [d'Arc] devant ses juges », « la République avec les droits de l'homme », « Jean Paul II », « Benoît XVI », « le père Christian », « le supérieur du monastère de Tibhirine… », pour finir par célébrer la fraternité qui fait que tous les enfants des pays du monde finiront un jour par s'aimer[25]. Nicolas Sarkozy n'oublie pas non plus les femmes dans une optique plus traditionnelle : « Les Français vous aiment, c'est un mot important, je n'ai pas peur de l'utiliser. Ils vous aiment parce que vous êtes l'image du courage, de la droiture en

politique. Vous êtes l'image de la morale, vous êtes
l'image des combats qui comptent vraiment[26]. »
Rompant avec son image répressive de ministre de
l'Intérieur, il fait de l'amour et de la culture mêlés
les remèdes fondamentaux contre la violence : « Je
me souviendrai toujours de ce jeune de banlieue qui
me disait : "Ce n'est pas avec l'école, ce n'est pas
avec le sport que nous avons un problème, c'est
avec l'amour." Ne pas être en mesure de trouver les
pensées, les mots, les gestes de l'amour, il n'y a rien
de pire, rien qui incite plus à la violence contre
l'autre ou contre soi-même. Qu'avons-nous d'autre
pour répondre à ce cri angoissé d'une jeunesse
désemparée par ses propres sentiments, par ses
propres pulsions, sinon la littérature, la poésie, l'art,
la philosophie. La culture n'a jamais été une garantie contre la barbarie, contre la bestialité, mais elle
est la seule chose que nous ayons à leur opposer[27]. »

C'est dans son discours adressé à la jeunesse[28]
que le candidat est allé le plus loin dans l'éloge de
ce sentiment, employant quarante-sept fois le mot
« amour », appliqué tour à tour aux enfants, à la
famille, aux amis, aux professeurs, à la France...
« Ma petite maman chérie, mon tout petit frère
adoré, mon petit papa aimé », ces paroles extraites
de la lettre de Guy Môquet seront lues devant des
milliers de personnes au Zénith dans la plus grande
émotion : « "Ma petite maman chérie". Ce mot
d'amour que nous portons tous en nous et que nous
n'avons pas dit, quand nous le pouvions, aussi souvent que nous aurions dû. Ce mot d'amour et de tendresse prononcé au seuil de la mort, je veux vous
dire une chose importante, il n'est pas ridicule. Il

est, pour tout être humain, simplement bouleversant[29]. » On ne peut que se taire ou pleurer en entendant les paroles d'un tout jeune homme qui sait qu'il va mourir : « Devant la tendresse de ce garçon de dix-sept ans qui est face à la mort au-devant de laquelle il a choisi d'aller, devant ce tout jeune homme qui à cet instant n'a plus rien à prouver, personne n'a envie de se moquer et chacun comprend qu'une grande âme c'est celle qui est capable d'exprimer simplement un sentiment si profond, si vrai, si total[30]. » Qu'importent, dans ces conditions, la vérité historique et les usages politiques qu'ont fait les communistes des lettres des fusillés[31]. La relecture sentimentale de l'histoire efface les ambivalences et le tragique de celle-ci pour ne laisser que ses points d'effusion sentimentale. Tout comme la souffrance, l'amour et la mort n'impliquent pas la raison.

## L'IMPUDEUR DES SENTIMENTS

L'utilisation du mot « amour » est également censée traduire le contact qui s'établit lors des grands rassemblements entre le candidat et la foule des participants. De ce point de vue, la similitude est frappante entre les discours des deux candidats. Devant plusieurs milliers de personnes rassemblées dans une salle, chacun dit parler sur le mode de la « confidence », fait part de ses questions et de ses doutes pour souligner tout aussitôt le réconfort qu'il

éprouve au contact de ses partisans, entraînant
un surcroît d'énergie qui, à n'en pas douter, le
conduira à la victoire.

Sarkozy, conscient de son image trop autoritaire,
opéra assez vite un tournant dans la campagne,
par un aveu touchant : « J'ai changé parce que les
épreuves de la vie m'ont changé. Je veux le dire avec
pudeur, mais je veux le dire parce que c'est la vérité
et qu'on ne peut pas comprendre la peine de l'autre
si on ne l'a pas éprouvée soi-même. On ne peut pas
partager la souffrance de celui qui connaît un échec
professionnel ou une déchirure personnelle si on
n'a pas souffert soi-même. J'ai connu l'échec et j'ai
dû le surmonter. On ne peut pas tendre la main à
celui qui a perdu tout espoir si l'on n'a jamais douté.
Il m'est arrivé de douter. [...] Cette part d'humanité,
je l'ai enfouie en moi parce que j'ai longtemps pensé
que pour être fort il ne fallait pas montrer ses faiblesses. Aujourd'hui j'ai compris que ce sont les faiblesses, les peines, les échecs qui rendent plus fort.
Qu'ils sont les compagnons de celui qui veut aller
loin[32]. » Cet individu déterminé mais fragile, ayant
rencontré la souffrance et les épreuves de la vie
comme tout un chacun, n'hésite plus désormais à
demander de l'aide à sa famille dans le cours même
du grand rassemblement de l'UMP : « Je demande à
ma famille de m'aider. Je sais qu'elle a eu à souffrir.
Je veux qu'elle comprenne que ce n'est pas de moi
qu'il s'agit mais de la France[33]. »

Plus étonnant encore est la façon dont le candidat décrit dans un discours la « métamorphose de
l'homme politique en homme d'État » en la ramenant à un « lien mystérieux », à un « mystère indi-

cible» dont les ressorts relèvent du sentiment: «Pour y parvenir il faut ouvrir son âme et son cœur. C'est une communion, c'est un acte d'amour. Pour unir les Français, pour pouvoir parler en leur nom à tous, pour pouvoir les gouverner, il faut les aimer[34].» Cet amour, poursuit Nicolas Sarkozy, est inséparable de la souffrance parce que aimer «c'est prendre le risque de souffrir de la souffrance de l'autre, d'être malheureux des malheurs de l'autre, de nourrir son désespoir du désespoir de l'autre», et cela risque de réveiller «les blessures, la fragilité, les interrogations qui sont au fond de soi». On comprend dans ces conditions que le candidat ne puisse sortir indemne d'un telle campagne, «à cause de la profondeur des sentiments, de l'intensité de l'engagement qu'elle exige, beaucoup plus qu'à cause des insultes et des mensonges, des procès d'intention et des insinuations qu'elle oblige à subir[35]». La «métamorphose de l'homme politique en homme d'État» passe par cette épreuve d'amour qui amène à «aller au bout de sa vérité, au bout de sa sincérité, au bout de sa cohérence», et c'est de cette façon que «l'on devient capable d'aimer, que l'on devient plus fort, plus à même de devenir le maître de son propre destin»[36].

Sans aller jusque-là, Ségolène opère un aveu du même type lorsqu'elle déclare devant une salle bondée: «Je vais vous dire maintenant quelques mots en confidence: d'abord j'ai tenu grâce à vous car comment se fait-il qu'une petite fille de Lorraine née à Dakar d'un père militaire, qui a grandi dans un village des Vosges, quatrième d'une famille de huit enfants, qui a eu le bonheur de suivre une réussite scolaire, comment se fait-il que je me trouve là ce soir devant vous ? Qu'est-ce qui a permis notre rencontre ? Parfois je me suis interrogée au fur et à mesure de ces étapes, parfois j'ai trébuché, mais avec vous je me suis relevée [37]. »

C'est dans les discours de la candidate que l'on trouve l'expression la plus forte de l'amour qui l'unit à ses partisans. N'hésitant pas à faire part de l'intense émotion qu'elle ressent dans ces réunions, elle déclare tout bonnement : « Je sens tout simplement que nous nous aimons très fort [38] », ou encore elle se livre à une sorte de déclaration d'amour passionnel : « Je vais vous dire un secret : mon équipe de campagne, c'est vous. Me voulez-vous ? J'ai besoin de vous. » Ses appels retrouvent des accents évangéliques : « Oui, mon équipe de campagne, c'est vous, déployez-vous, partez convaincre, soyez fiers de cette espérance. N'ayez peur de rien [39] ! »

Le rassemblement de Charléty constituera le paroxysme de cette effusion sentimentale. Placé sous le signe de la non-violence (des réformes), de la « fraternité » et de l'« harmonie », baptisé « meeting de l'amour » par des vedettes du show-biz, ce meeting s'est voulu une réplique au rassemblement de Bercy. Dans la foule, des banderoles sur lesquelles est dessiné un gros cœur proclament : « On aime Ségo », et dans son discours cette dernière ne manquera pas de faire savoir que cet amour est pleinement réciproque : « À l'instant même où je vous parle, où se noue cette rencontre exceptionnelle, extraordinaire, en me tournant vers vous je vois… je comprends, je sens que tout cela, c'est tout simplement parce que nous nous aimons beaucoup [40]. » Et de terminer son discours par les paroles de Jésus dans les Évangiles : « Aimons-nous les uns les autres ! » Aucun discours de campagne présidentielle en France n'avait atteint de tels sommets.

### VIE PRIVÉE-VIE PUBLIQUE

Le décloisonnement vie privée-vie publique a pareillement franchi une étape supplémentaire. Les rapports compliqués au sein des couples ont toujours attiré l'attention de la presse à scandales, mais jusqu'à présent ce traitement était surtout réservé aux vedettes du show-biz, du sport et de la télévision. Les hommes ou les femmes politiques se contentaient d'une sorte de « service minimum » pour les grands médias, leur vie familiale s'intégrant dans la volonté de donner une image la plus respectable possible aux yeux de la population, les Français se montrant, du reste, plutôt tolérants dans ce domaine.

Autre temps, autres mœurs. Dans cette campagne présidentielle, les histoires de couple des deux candidats ont donné lieu à un feuilleton médiatique comme on n'en avait encore jamais vu. Chaque candidat en a appelé au respect de sa vie privée, après avoir tenté d'instrumentaliser les médias dans ce domaine. Nicolas Sarkozy dénoncera les attaques contre sa famille quand il ne maîtrisera plus la machine médiatique qu'il a contribué à activer. La dénonciation de la violation de sa vie privée cessera

quelque temps avec les photos de la réconciliation
de Nicolas et de Cécilia. En 1992, lors de la naissance de sa fille, Flora, Ségolène n'avait pas hésité,
quelques heures après l'accouchement, à faire
connaître l'heureux événement à des photographes
et des journalistes de télévision. Lors de la campagne, dans l'émission de télévision « Saga », la candidate a demandé François Hollande en mariage,
sans du reste que le principal intéressé ait été mis
préalablement au courant. En pleine soirée électorale du second tour des législatives, la « séparation
du couple Hollande-Royal » a constitué un « événement » que les journalistes ont cru bon de mettre en
avant face aux hommes politiques traditionnels visi-
blement décontenancés.

Cette impudeur des sentiments qui s'étalent sur
la place publique s'insère pour partie dans une
stratégie de communication qui entend réduire le
fossé entre les hommes politiques et la société. Dans
ce domaine, Nicolas Sarkozy a pu bénéficier des
conseils de Jean-Pierre Raffarin dans son livre *La
dernière marche*[41] [avant l'Élysée] qui lui est explicitement adressé. Constatant que dans la société le
« rapport à l'exposition de soi a changé » et que la
« société est devenue sentimentale », il en déduit justement qu'un « président au cœur sec serait mal
compris et se priverait de beaucoup de leviers
d'action »[42] : « C'est l'obligation du président de la
République de prendre en charge la douleur de ses
concitoyens mais, pour lui, c'est aussi une chance
de reconquérir une proximité et une vérité dont
on refuse bêtement de le créditer[43]. » « Être gentil »,
« aimer les gens », « maîtriser la production du mes-

sage et des images»..., tels sont quelques-uns des nombreux conseils que, à la manière d'un *coach*, Jean-Pierre Raffarin prodigue à son candidat préféré pour qu'il puisse accéder au statut de président.

Pour que le charme opère, l'homme politique nouveau se doit d'être en phase avec le nouvel état de la société : à la fois quelqu'un de proche, sincère et décontracté avec lui-même comme avec les autres, confessant parfois ses fragilités et ses faiblesses, mais toujours prêt à rebondir à la moindre occasion, le pessimisme, fût-il celui de l'intelligence, lui étant résolument étranger. Les candidats sauront mettre en avant tour à tour ces deux traits de leur personnalité à différentes phases de leur campagne, jouant tantôt sur l'un, tantôt sur l'autre, ou prenant le tournant quand c'est nécessaire, comme Nicolas Sarkozy a su le faire pour casser son image trop autoritaire de ministre de l'Intérieur sans cœur et sans pitié. L'équilibre n'est pas facile à trouver ou, plus exactement, si l'image de la fragilité et de la compassion est indispensable comme signe égalitaire, elle ne doit pas supplanter l'idée d'une inflexible détermination qui mène à la victoire et qui place le candidat au-dessus du lot commun. La «société sentimentale» aime peut-être qu'on la comprenne et qu'on la console, mais elle peut aussi se montrer sans pitié pour les perdants, les mépriser ou les oublier aussi vite qu'elle a semblé les adorer.

Les candidats s'affirment à la fois comme des gens simples par leur émotion, leurs doutes et leurs déchirements (comme ceux qui participent à leur rassemblement ou ceux qui les regardent à la télévision), en même temps que leur détermination et

leur volonté pour réussir les détachent de la moyenne
et forcent l'admiration. Ils sont une combinaison
vivante de fragilité et de grande motivation, l'une
supplantant l'autre dans un «parcours de réussite»
qui peut les amener au sommet de l'État. C'est en
ce sens que l'homme politique nouveau ressemble
quelque peu à ceux qui dans la société ont un parcours semblable dans des domaines d'activité très
différents. Ce sont eux que l'on retrouve dans les
émissions de télévision people : au-delà de leur particularité, ils ont en commun un «parcours de réussite» consacré par les médias.

C'est précisément sur cette image paradoxale que
peut s'opérer une identification dans une société
marquée par le développement d'un individualisme
sentimental et fragile ainsi que par un modèle pré-
gnant de la «performance sans faille» et de la réussite. Si «droitisation» de la société il y a, celle-ci
n'est pas seulement à chercher dans le résultat
des élections, mais dans un type de comportement
qui s'insère sans trop de problèmes dans une vision
du monde où l'individu est roi et la compétition
acharnée.

## LA RUPTURE COMME VOLONTÉ

Au départ, les deux candidats ont dressé un constat
politique semblable de l'état de la France et de la
façon dont elle a été gouvernée depuis plus de vingt
ans. Tous les deux soulignent le fossé qui s'est ins-

tallé entre les responsables politiques et les citoyens, et ils veulent rompre avec l'impuissance. Ils entendent, chacun à leur façon, sortir de la compassion en faisant de la politique le levier pour arracher le pays à son état maladif. Quand Ségolène Royal déclare : « Les Français ne veulent pas d'un pilotage mou[44] », Nicolas Sarkozy ne dit pas autre chose. Et tous deux affirment avec presque les mêmes mots leur foi dans le pouvoir de la politique à changer les choses en insistant sur la volonté. Il s'agit pour Nicolas Sarkozy de « dresser une volonté humaine contre la fatalité[45] ». Son slogan de campagne proclame : « Avec vous tout devient possible. » De son côté, Ségolène Royal affirme : « Oui, la volonté politique déplace les montagnes. L'impossible devient possible[46]. » Tous deux se réclament pareillement d'une « morale de l'action » consistant à faire ce qu'on a promis et d'une « obligation de résultats ». Si chacun déclare qu'avec lui la politique ne sera plus jamais comme avant, beaucoup d'autres candidats avant eux l'ont déjà dit il y a longtemps. Mais dans l'incarnation de la « rupture », Nicolas Sarkozy va apparaître plus crédible que son adversaire.

Malgré tous ses efforts pour affirmer les valeurs d'autorité et d'ordre, Ségolène Royal ne parviendra pas à quitter significativement le registre de la compassion et de l'amour, à passer d'une relation horizontale de proximité à une relation verticale d'autorité qui implique, qu'on le veuille ou non, de briser le lien fusionnel en introduisant une distance et une inégalité dans le rapport avec les citoyens. Chez Ségolène Royal, le discours compassionnel est resté juxtaposé à une « démocratie participative » qui en appelle à la libre parole et à l'«expertise des citoyens», renvoyant à la société souffrante la responsabilité de trouver les moyens de s'en sortir. Son discours volontariste sur le pouvoir de la politique paraît contredit par une politique qui est supposée partir de la «réalité de la vie des gens», le citoyen étant supposé être le meilleur expert et le maître de sa vie. Son «écoute pour agir juste» semble remettre à plus tard le traitement de fond. Aux citoyens «souffrants» demandant aux candidats d'apporter des solutions, elle répond paradoxalement : «J'ai besoin de vous», «Avec moi, plus jamais la politique ne se fera sans vous!»[47]. Elle ne parvient pas ainsi à rompre le jeu de miroir entre gouvernants et gouvernés qui s'est installé en France depuis plus de vingt ans. Son discours laisse supposer des rapports d'égalité entre la société et l'État et régis sous la seule modalité du contrat, avec une priorité donnée à la parole venue d'en bas. Son «ordre juste» implique une société horizontale du «donnant-donnant» où, chacun étant supposé être clair sur ses droits et ses devoirs, la collectivité pourrait fonctionner harmonieusement. Liée à des propositions mal assurées et un amateurisme étonnant, sa «démocratie participative» apparaîtra comme l'énième succédané de l'impuissance et d'une défausse de la responsabilité politique. Enfermée dans une étrange bulle qui la met hors de portée des leçons du réel, Ségolène Royal déclare, au lendemain de son échec aux élections, avec son sourire figé : «J'ai entamé une réforme profonde des méthodes politiques avec la démocratie participative, qui a beaucoup plu aux Français et qu'il va falloir continuer[48]. »

À l'inverse, la reconnaissance de la souffrance chez Nicolas Sarkozy est aussitôt relayée par un éloge de la volonté et de l'effort pour s'en sortir. Il ne cessera de proclamer son énergie et sa détermination individuelles, s'affirmant de la sorte comme quelqu'un qui a su précisément surmonter la douleur et dépasser les échecs. À la différence de Ségolène Royal, il aura été le candidat qui aura été capable à la fois d'«écouter la souffrance» et d'incarner son dépassement possible par la force de la volonté. Rompant avec le thème de la compassion et des lamentations, il ramène la politique autour de sa personne en martelant dans ses discours sa volonté de rupture : «On me dit que...», mais contre l'impuissance «moi je dis que...». Là où le discours de Ségolène peut faire penser à une sorte d'appel à l'aide : «J'ai besoin de vous pour changer les choses», celui de Sarkozy apparaît à l'opposé : «Vous pouvez compter sur moi pour que les choses changent.» En poussant son propos jusqu'au bout, l'alliance d'une énergie individuelle hors du commun et de la volonté de «prendre le problème à bras-le-corps» suffiraient pour que les résultats soient au rendez-vous et qu'ainsi la confiance revienne. Un tel discours en arriverait presque à faire oublier le contenu précis des propositions politiques et leur crédibilité.

## LA BATAILLE DES VALEURS
## ET DU DRAPEAU

Nicolas Sarkozy a résolument porté le débat sur les valeurs, estimant que la nature de la crise de la France n'était pas seulement économique et sociale, mais aussi et surtout une «crise morale», allant jusqu'à affirmer : «Je ne mène pas un combat politique mais un combat idéologique[49]», en se réclamant de Gramsci.

S'il est vrai que Nicolas Sarkozy a su garder l'initiative et apparaître comme le plus offensif sur cette question, son adversaire n'en a pas moins tenté de le concurrencer également sur ce point. Rompant avec des aspects du «politiquement correct» présents au sein de son camp, elle a essayé de prôner à son tour la nécessité de repères structurants et de reprendre à son compte et à sa façon les thèmes qui ont marqué la campagne : sécurité, travail et nation.

Son «ordre juste» et sa «sécurité durable» n'ont pas forcément convaincu, mais ils n'en impliquent pas moins le respect de l'autorité et de la discipline, mis à mal par l'idéologie soixante-huitarde. Ségolène Royal s'est défendue de tout laxisme sur les questions de sécurité, tout en insistant sur la prévention. Elle a également dénoncé les effets pervers de la loi sur les trente-cinq heures du point de vue des disparités introduites parmi les salariés et elle s'est présentée comme le meilleur défenseur de la «valeur travail», de la «réconciliation des Français avec l'entreprise». Enfin, dans la dernière partie de sa campagne, elle n'a pas hésité à célébrer *La Marseillaise* et le drapeau tricolore, recommandant aux Français d'en avoir un à la maison pour l'accrocher à la fenêtre le jour de la fête nationale. Nicolas Sarkozy n'a pas manqué de saluer avec ironie les propositions de la candidate : «Bienvenue au club.» Malgré tous ses efforts, Ségolène Royal n'est pas parvenue à convaincre que la gauche avait vraiment changé et elle a été battue également sur ce plan-là.

Sa volonté de restaurer la discipline et le civisme dans les écoles, ses propositions d'encadrement militaire de centres éducatifs renforcés, d'implication des familles dans la réinsertion des enfants en difficulté... ont suscité réticences et critiques non seulement à l'extrême gauche, mais au sein du parti socialiste. La gauche s'est montrée incapable d'opérer un recul réflexif et critique clair sur l'héritage de Mai 68, parce que cet héritage irrigue encore ses propres rangs et ses alliés sociaux privilégiés.

Nicolas Sarkozy a su pousser à fond son avantage en faisant de la nation un thème central de la campagne. Fortement aidé par la plume d'Henri Guaino, il s'est opposé de front à la «repentance» en développant une vision des plus épiques de l'histoire de France avec une volonté appuyée de n'oublier personne, surtout pas les pères fondateurs et les héros du camp adverse. Son objectif était clair : «Dans ce monde dangereux, je veux affirmer que la nation exprime un besoin d'identité, de protection collective, et de volonté collective[50]. » En reprenant à son compte une partie des thèmes portés par le Front national sur l'immigration et en développant un discours qui retrouve les accents d'un nationalisme passé, Nicolas Sarkozy est allé très loin pour récupérer les voix de l'extrême droite, en même temps qu'il savait que son adversaire allait pousser les hauts cris et s'enferrer dans ses propres contradictions.

De par ses origines internationalistes, la gauche a toujours eu quelques difficultés à penser la nation, combinant une approche en termes de lutte des classes et une vision universaliste de la nation issue de la révolution de 1789, négligeant une plus longue histoire et un attachement patriotique qui ne se réduisent pas à ces éléments. Contre le discours de Nicolas Sarkozy, la candidate a fait valoir une conception de la nation alliant la «grande lumière jamais éteinte de la Révolution française et de ses grands principes[51]» et la reconnaissance des identités multiples. Son éloge de la diversité et de la «France métissée» «fécondée par l'apport de ces différentes cultures»[52] a laissé supposer l'idée d'une stricte égalité sur tous les plans entre les différentes cultures du monde, comme si ce mélange ne s'effectuait pas sur un fond anthropologique dominant, fruit d'une longue histoire, qui donne sens et cohérence à l'ouverture et permet un réel enrichissement. Ce faisant, elle n'est guère parvenue à se démarquer d'une sorte d'angélisme pour lequel les fêtes en tout genre sont censées incarner un brassage des sensibilités, symbole d'une nouvelle culture universelle réduite à quelques clichés et bons sentiments. Critiquant, lors d'une soirée «société civile», la proposition d'instaurer un «ministère de l'Intégration nationale et de l'immigration», Ségolène n'a rien trouvé de mieux que de mettre en avant la France de la culture et de l'éducation, avec un parterre artistique et mondain qui a fait les beaux jours passés de la gauche et qui, comme l'a reconnu un militant, «a été contre-productif dans les classes populaires[53]».

Il est vrai que les discours du candidat Sarkozy présentaient des traits qui l'apparentaient à une droite réactionnaire et revancharde. Ses appels à retrouver les valeurs traditionnelles et à liquider au plus vite Mai 68 en étaient les exemples les plus saillants. Une partie de la France a pu se retrouver dans ses propos parce qu'il a dit tout haut ce qu'elle pensait en silence depuis longtemps. Cette campagne a ainsi permis l'expression des frustrations et des passions jusqu'alors largement contenues ou ne s'exprimant politiquement que dans les votes aux extrêmes. Elle a permis de libérer la parole de ceux qui se sentent méprisés depuis des années par la gauche morale, en disant haut et fort ce que le PS, enfermé dans sa bulle militante et sectaire, s'est montré incapable de percevoir: «Vous en avez assez de la pensée unique et vous avez raison. [...] Je revendique pour vous et pour moi le droit de parler librement, d'agir librement, de penser librement[54].» Son discours sur les valeurs a permis la libération d'une parole refoulée sous l'hégémonie d'un gauchisme culturel porté par une bonne partie de la gauche et des milieux médiatiques et mondains. En ce sens, cette campagne électorale représente comme le pendant de la parole libérée de Mai 68 contre le conformisme dominant de droite de l'époque. Elle constitue bien une remise en question de l'héritage

impossible de Mai 68, mais sur le mode de la catharsis et de la revanche, qui laisse toujours en plan la
signification historique de l'événement. Par-delà le
contenu des propositions politiques, la campagne
électorale de Nicolas Sarkozy comporte une forte
dimension de catharsis collective pour un pays
inquiet qui ne sait plus qui il est et où il va.

La rupture annoncée par Nicolas Sarkozy fut
d'abord dans la façon dont il a mené cette campagne
électorale, en s'affirmant comme le seul capable de
rompre avec le sentiment de désarroi et d'impuissance par une posture volontariste et un professionnalisme qui a fini par emporter l'adhésion. Sa
campagne électorale a mis en scène tous les signes
visibles de la rupture et du changement d'époque,
elle a réussi à enclencher une dynamique d'identification émotionnelle pour une partie de la population. Malgré tous ses efforts, son adversaire est
apparue comme une amateur, ne parvenant pas à
quitter son habit de féministe pleine de bonnes intentions, symbole d'une gauche en décomposition.
La forte dimension cathartique de cette campagne,
l'amateurisme de son adversaire relativisent l'idée
d'une adhésion solide des électeurs à l'ensemble des
réformes prônées par Nicolas Sarkozy. Pour une
majorité d'électeurs, l'adhésion idéologique et les
fidélités partisanes semblent bien révolues[55]. Telle
est peut-être, à vrai dire, la bonne nouvelle de cette
élection.

### L'ÉNIGME SARKOZY

La personnalité du candidat vainqueur et son caractère largement atypique au sein de la droite n'ont pas manqué d'intriguer. On a souligné ses aspects «bonapartistes» et «populistes», son flirt avec certaines idées du Front national a réactivé le vieux réflexe antifasciste de la gauche... Son énergie et son agitation font penser à Chirac, mais la façon dont il malmène le protocole et s'affiche dans les médias rappelle fortement Valéry Giscard d'Estaing. Bonapartiste, mais aussi orléaniste, populiste, enfant rebelle de Chirac... Comment s'y retrouver? On projette sur lui des schémas passés qui ne lui correspondent pas complètement. Le personnage déborde toujours du cadre dans lequel on veut l'enfermer. De quelque côté que l'on se tourne, on ne trouve guère d'équivalent dans les hommes politiques du passé ou, plutôt, on en repère des aspects parcellaires sans jamais que l'on puisse les rattacher à une filiation unitaire et ordonnée. Il semble que nous ayons affaire à un nouveau composite étrange, semblable à celui de ses discours de campagne où s'alignaient au fil des phrases toutes les catégories de Français, avec la volonté appuyée de n'oublier personne. Nicolas Sarkozy a une façon bien à lui de vouloir tout prendre sur ses épaules, de vouloir tout assumer, comme il l'a fait dans ses discours sur l'histoire de France, avec cependant l'exception de Mai 68 qui s'insère mal dans le récit.

Ses discours sur les valeurs retrouvaient par moments les accents du retour à l'«ordre moral», mais son parcours, sa vie familiale, son langage et son style ne penchent pas vraiment de ce côté. Il a exalté les grands ancêtres et la nation, grâce à la plume d'Henri Guaino, mais le candidat élu est le premier dont la photo officielle comporte le drapeau français et le drapeau européen. Sa critique de l'héritage de Mai 68 à l'école s'est accompagnée d'une sorte d'apologie de l'école du passé. Mais il ne peut ignorer que les rappels de l'école de Jules Ferry, du respect et de la discipline, des textes classiques et des récitations... ne résoudront pas la crise que connaît l'enseignement. Après le temps de la campagne et de ses excès vient celui du «pragmatisme» qui signifie l'adaptation aux évolutions. La modernisation de l'enseignement a consisté à chercher à rapprocher l'enseignement de l'entreprise. Pédagogisme post-soixante-huitard mis à part, rien n'indique que le nouveau président rompra avec les orientations fondamentales de ses prédécesseurs. Les références emblématiques aux débouchés professionnels, à l'entreprise, à la performance..., pour nécessaires qu'elles puissent paraître, risquent de reléguer la culture traditionnelle au rang d'un musée de moins en moins fréquenté ou servir de supplément d'âme à une formation préoccupée avant tout par l'acquisition de compétences professionnelles et par la culture du résultat.

Les paroles, les gestes et les images de Nicolas Sarkozy se superposent sans que l'on comprenne la logique qui préside à leur ordonnancement. Le soir de l'élection, le candidat a fêté sa victoire dans un grand restaurant parisien. Des vedettes du show-biz entrent et sortent, en faisant des déclarations sur la confiance qu'ils accordent au candidat vainqueur qu'ils connaissent de longue date. Sur la place de la Concorde, Nicolas Sarkozy est entouré de ses partisans qui fêtent la victoire. Mireille Mathieu s'est remise à chanter *La Marseillaise* comme au temps du film *Paris brûle-t-il?* (1966), et personne ne semble pouvoir l'arrêter. À côté d'elle, on reconnaît l'animateur plus branché des «Enfants de la télé». Quel est le plus significatif de ces deux soutiens? Quelques jours après s'être recueilli devant le monument du plateau des Glières, Nicolas Sarkozy est absent des cérémonies du 8 Mai : il est allé se reposer sur un yacht à l'étranger. Nostalgie et modernisme se trouvent ainsi réunis chez le candidat vainqueur, comme un symbole d'une réalité nouvelle difficile à cerner.

Son charisme est d'un genre particulier. Éric Besson, qui l'a rejoint comme d'autres, est fasciné : «Je suis intéressé, je n'ose pas dire attiré, par l'énergie qu'il dégage. Il a une énergie vitale énorme et un culte de l'action qui m'impressionnent, qui m'attirent, un espèce de franc-parler, assumer son ambition, dire les choses crûment, parfois trop crûment. Oui, ça me plaît[56].» Jean-Pierre Raffarin qui l'a vu fonctionner de près dans son gouvernement parle, quant à lui, d'une «vitalité impressionnante», d'une «boulimie d'action». S'adressant à Nicolas Sarkozy, il le décrit d'une formule saisissante : «Tu apprécies de vivre au cœur d'une fourmilière, au centre d'une essoreuse à idées[57].» Cette vitalité et cette énergie s'accompagnent d'un pragmatisme et d'un professionnalisme appuyés sur un entourage solide; le tout aboutit à une efficacité certaine. Résumant cette étrange alchimie, Jean-Pierre Raffarin le dit au candidat : «Il y a peu de filiation idéologique homogène qui pourrait expliquer ton fonctionnement[58].»

L'ensemble des traits qui viennent d'être décrits permettent d'esquisser un portrait qui n'est en fait pas propre à la personnalité de Nicolas Sarkozy. Son mode de structuration et de fonctionnement — que beaucoup de commentateurs analysent sous l'angle de la psychologie individuelle ou d'un tempérament politique particulier — se retrouve aujourd'hui dans l'ensemble de la société. Cela ne dissout pas la particularité individuelle, mais c'est en la reliant à d'autres phénomènes et en l'insérant dans le champ plus vaste des comportements sociaux que l'on peut y trouver une signification que les analyses de type psychologique ou politique semblent ignorer.

Constatant la «crise du processus identificatoire» et l'absence de noyau d'identité solide, Cornélius Castoriadis décrit la nouvelle individualité de la façon suivante : «L'individualité consiste désormais à piquer à droite et à gauche divers éléments pour "produire" quelque chose. [...] L'individu de tous les jours vit en faisant des collages, son individualité est un patchwork de collages[59].» Ce qui peut apparaître pour les générations antérieures comme une absence de «colonne vertébrale» n'est pas vécu et pensé comme tel, mais est considéré au contraire comme un signe démocratique manifeste d'ouverture et de tolérance. C'est sur ce point également que se révèle le «nouveau fossé des générations», les anciennes ayant spontanément tendance à projeter sur les nouvelles des schémas de structuration individuelle et collective qui ne fonctionnent plus ou se réduisent de plus en plus.

Critiquer vertement le libéralisme tout en ayant une mentalité de client roi, tel est ce qui pouvait, il y a quelque temps encore, apparaître incohérent. Cette coexistence de deux aspects contradictoires se retrouve pourtant dans l'attitude consistant à critiquer la domination de l'État sur les individus et la société, tout en exigeant de lui qu'il réponde dans les meilleurs délais aux besoins individuels. Un sondage récent, «Les 18-25 ans et l'élection présidentielle[60]», fait apparaître un type semblable de coexistence contradictoire : des jeunes de gauche peuvent en même temps adhérer à des valeurs nettement marquées à droite. Pour la majorité d'entre eux, les mots qui évoquent quelque chose de négatif sont «Medef», «capitalisme», «privatisation», «mondialisation», «Bourse»... Mais cela ne les empêche pas d'être majoritairement favorables à l'assouplissement des règles des contrats de travail des salariés (conditions d'embauche, durée des contrats, niveau de salaire...), à la mise en place du salaire au mérite dans la fonction publique, à la suppression des allocations familiales dans certains cas (délinquance, absentéisme à l'école), à la possibilité pour les parents de choisir l'école de leurs enfants... De quoi déconcerter les militants et les électeurs de gauche traditionnels.

Un autre trait étonnant de la période présente tient à la coexistence d'idées issues du passé et de celles qui collent au nouvel air du temps. Le passé qui paraît sans ressource n'est pas pour autant

oublié, il se maintient sous une forme monumen-
tale et sentimentale, et c'est de cette façon qu'il
s'intègre à la sensibilité moderne[61]. Ce passé sera
d'autant plus mythifié et héroïsé qu'il n'a plus d'impact significatif dans le présent autre que celui
d'une célébration mémorielle avec réminiscence et
effusion pendant un court laps de temps. La façon
dont fut évoquée la nation dans les discours de
Nicolas Sarkozy au cours de la campagne électorale nous paraît marquée par cette monumentalité
et ce sentimentalisme qui peuvent séduire le peuple
ancien et une partie du nouveau peuple adolescent.
Le gaullisme semble avoir subi ce même type de
traitement.

On aurait tort d'y voir une simple manipulation
visant à séduire les foules ; la sincérité des maîtres
de cérémonie n'est pas non plus en question. Pour
que le processus fonctionne, il faut que la foule et
l'orateur aient la même fibre sentimentale et puissent se conforter mutuellement. À sa façon, Nicolas
Sarkozy a su capter ce nouvel « air du temps » contradictoire et instable, en même temps qu'il en est une
illustration. Lui et son équipe ont fait preuve d'une
grande capacité à coller au plus près à l'état d'esprit et aux demandes de l'opinion en s'y adaptant
au plus vite, quitte à oublier le principe de cohérence. Beaucoup de choses qui ont été dites lors de
cette campagne peuvent paraître contradictoires,
elles ne le sont pas pour qui aime un peuple bariolé
et entend le représenter.

Il est d'autres traits de la personnalité du candidat
(énergie, pragmatisme, culture du résultat...) qui renvoient à une autre figure importante de la moder-

nité, celle du manager dynamique et performant, entraîneur d'hommes et décontracté. Cette figure a pris son envol dans les années 1980 à l'époque où le gouvernement de gauche entendait réconcilier les Français avec l'entreprise sous les auspices de la modernisation. Bernard Tapie apparaissait alors comme un entrepreneur toujours gagnant.

Par sa formation première d'avocat, Nicolas Sarkozy travaille dossier après dossier avec un grand souci d'efficacité, mais son style et son mode de fonctionnement, la façon dont il mobilise ses équipes font écho à ces caractéristiques du management[62]. À la différence du management post-soixante-huitard qui développe l'utopie d'un collectif horizontal sans hiérarchie, composé d'individus pareillement autonomes et responsables, Nicolas Sarkozy affirme son leadership et assume ses responsabilités. Jean-Pierre Raffarin, qui a travaillé pour un cabinet de conseil dans le domaine des ressources humaines et de la communication, détaille ses capacités managériales : «capacités stratégiques», «très bon dans l'art de l'exécution et très vif dans l'art de la décision», «réactivité sans égale», «capacité à accepter les bonnes idées et presser les bons citrons»… Il lui conseille de «ne pas être dans l'action permanente», de «sortir de l'immédiateté», de «prendre le temps de la décision» et de ne pas trop s'exposer. Ces conseils d'un spécialiste seront-ils entendus par le nouveau président ?

## FUITE EN AVANT
### ET ÉROSION DES INSTITUTIONS

La rupture annoncée par Nicolas Sarkozy fut d'abord dans la façon dont il a mené cette campagne électorale, en s'affirmant comme capable d'en finir avec le sentiment de désarroi et d'impuissance qui s'est installé dans le pays depuis de nombreuses années par une posture et un style particuliers. En vingt ans, la France a connu trois cohabitations[63] qui ont fait coexister deux tendances politiques opposées à la tête de l'État. La concurrence et la lutte entre un président qui ne voulait pas voir son pouvoir affaibli et un Premier ministre qui entendait mettre en application son programme ont contribué à affaiblir l'autorité de l'État et brouillé les responsabilités politiques. Les revirements de politique non assumés et non expliqués ont pareillement décrédibilisé l'action politique. Le tournant opéré dans la politique économique en 1983-1984 par le président Mitterrand n'a jamais été reconnu clairement. Jacques Chirac a amorcé son mandat présidentiel par un revirement plus rapide encore : après avoir été élu en mai 1995 sur le thème de la « fracture sociale », il change d'orientation économique quelques mois plus tard. Ces revirements illustrent la célèbre formule désabusée de Charles Pasqua : « Les promesses des hommes politiques n'engagent que ceux qui les écoutent. » C'est précisément contre cette incohérence que Nicolas Sarkozy a voulu

rompre. Volontarisme et principe de cohérence affiché s'ordonnent autour d'une personnalité nouvelle
aujourd'hui à la tête de l'État.

La situation politique et culturelle qui s'est installée dans le pays depuis de nombreuses années nous
paraît pouvoir être caractérisée par trois grands
traits que nous avons à plusieurs reprises relevés : 
l'impuissance à réduire significativement le chômage de masse ; une « nouvelle façon déconcertante
de gouverner » ; un gauchisme culturel marqué par
l'héritage impossible de Mai 68. Nicolas Sarkozy a
réagi à l'ensemble de ces caractéristiques par une
posture volontariste centrée sur sa personnalité qui
a permis à une partie du pays de se libérer du sentiment d'impuissance et de culpabilité entraîné par
une telle situation. Une fois passé le moment cathartique de la campagne, arrive le moment de vérité où
le principe de cohérence entre la parole et les actes,
les promesses et les résultats va pouvoir ou non se
vérifier. On aurait tort de sous-estimer la détermination qui anime le nouveau président pour obtenir
des résultats concrets, pour atteindre un certain
nombre d'objectifs sur lesquels il s'est engagé. Il n'a
pas, à vrai dire, d'autre choix et il l'a fait comprendre à son équipe dans une logique qui s'appa-
rente à une « prise de risques » managériale : « Ça
passe ou ça casse. »

Depuis les années 1980, le management moderniste n'a cessé de développer une vision chaotique
du monde et des évolutions qui rend vaine la volonté
de les interpréter dans leur globalité. La vision des
évolutions du monde est celle d'un mouvement perpétuel sans but ni sens autre que celui de s'y adapter

au plus vite. Le rythme du changement paraît tel qu'il semble pour le moins difficile d'établir des éléments de stabilité et d'anticiper les évolutions à long terme. Dans ces conditions, il importe avant tout de réagir au plus vite et de gérer au mieux la «complexité» avec de multiples boîtes à outils adaptées aux diverses situations.

L'activisme managérial et communicationnel dont fait preuve le nouveau pouvoir peut être interprété comme la continuité, sous une nouvelle forme, volontariste et soucieuse de résultats concrets, immédiats et visibles, d'une fuite en avant dont le tournant des années 1970 marque les origines. Cette fuite en avant n'est pas propre à un camp politique. Elle nous paraît en fait symptomatique de l'absence d'un nouveau creuset culturel et historique qui permette d'interpréter et de donner sens à la nouvelle situation historique que nous vivons à l'heure de la construction difficile de l'Union européenne et de la mondialisation.

Il est enfin un autre trait problématique de la situation présente. Si la désacralisation de l'État gaullien participe du mouvement démocratique de sécularisation, le point d'aboutissement auquel il semble parvenu aujourd'hui produit un type de lien entre l'État et la société, ou plus précisément entre le chef de l'État et les Français, fondé sur un jeu de miroir et d'identification dont le modèle est celui de la réussite et de la performance. Ce modèle tend à effacer la distance salutaire et les médiations nécessaires entre l'État et la société. Ce jeu de miroir est fragile et peut s'évanouir en cas d'échec de la politique suivie, entraînant par là même celui du chef de l'État qui incarne ce modèle et se trouve en «première ligne». Dans un tel système, la fonction présidentielle ne joue plus le rôle de garant d'une stabilité et d'une permanence indispensables à la vie en société et à la démocratie. S'il existe bien un risque potentiel dans la nouvelle situation, celui-ci n'est pas à rechercher dans la remise en question directe des libertés démocratiques ou d'une sorte de nouveau «coup d'État permanent», mais dans l'érosion de la dimension symbolique des institutions, mouvement dans lequel la droite s'inscrit désormais pleinement. En ce sens, elle n'est pas, elle aussi, étrangère à l'héritage impossible de Mai 68, dont elle a proclamé un peu vite la disparition.

CHAPITRE II

# LE MALAISE FRANÇAIS
# DANS LE MIROIR DE L'EUROPE*

À peine le peuple français avait-il refusé le Traité établissant une constitution pour l'Europe que ses partisans déçus s'efforçaient d'en atténuer la portée. Après s'être félicités de la lecture de ce texte par les Français et des nombreux débats auxquels il a donné lieu, ils se sont empressés d'indiquer qu'en fin de compte les électeurs ne s'étaient pas prononcés sur le texte, mais sur la situation économique et sociale, sur la politique du gouvernement, sur la classe politique en général... Si ces éléments entrent bien en ligne de compte, peut-on pour autant affirmer qu'ils n'ont strictement rien à voir avec le Traité ? Pour une grande partie de la population, celui-ci est apparu comme un élément de plus, participant d'une situation qu'ils subissent depuis de longues années. Rejet du Traité et refus de la politique gouvernementale manifestent un « ras-le-bol » qui lient les deux phénomènes comme les manifestations d'une manière semblable de gouverner et de

* *Le Débat*, n° 136, septembre-octobre 2005.

traiter les peuples. Cette situation risque une nouvelle fois d'être occultée, alors que le vote négatif du référendum en est un signe des plus clairs.

Ce Traité intervient dans une situation française marquée par le chômage de masse et une crise de la politique et de la culture qui ne date pas d'aujourd'hui. Dans sa forme comme dans son contenu, le Traité fait écho au malaise français et tous deux s'insèrent dans un moment critique de l'histoire marqué par l'érosion de l'ethos des sociétés démocratiques européennes.

## UN TRAITÉ PROTECTEUR ?

L'opposition entre partisans et opposants s'est largement focalisée sur la question du caractère «libéral» du Traité. Les opposants n'ont cessé d'affirmer que ce texte était «ultra-libéral», en donnant la nette impression qu'ils refusaient purement et simplement l'économie de marché. Et comment ne pas reconnaître que, par rapport au traité de Nice, ce nouveau texte donnait plus de garanties sur le plan politique et social ? De là à présenter ce dernier comme un rempart solide contre la mondialisation et une somme considérable d'acquis sociaux, il y a un grand pas, que le président Chirac n'a pas cependant hésité à franchir lors de son allocution télévisée avant le scrutin. Il ne suffit pas de critiquer ceux qui voient de l'ultralibéralisme partout pour com-

prendre le rejet du Traité. Il y a aussi d'autres raisons plus sérieuses et concrètes.

Dans le même temps où les dirigeants politiques
vantaient les vertus protectrices du Traité, ils inci-
taient fortement les entreprises à se lancer dans la
compétition mondiale, sans se soucier outre mesure
de ses effets en termes de délocalisations et de l'impact de ces dernières sur l'opinion.

Ces délocalisations ont une portée symbolique
forte dans la mesure où les salariés sont de fait mis
en concurrence avec les salariés des pays socialement plus défavorisés et ce à l'intérieur même de
l'Union. Le message qui peut être déduit de ces
délocalisations — que, du reste, certains patrons
n'hésitent pas à faire passer — est qu'il faudrait
remettre en question au plus vite les acquis et les
protections sociales en France si l'on veut être
compétitif et créer de l'emploi. Ces réalités et ces
pressions ne vont pas dans le sens de la coopération et de la solidarité entre les peuples européens
qu'on ne cesse par ailleurs de proclamer.

Il est une réalité difficilement contestable : les
pays développés se trouvent défavorisés en termes
de coûts du travail. L'argument selon lequel la perte
d'emplois due aux délocalisations est compensée
par la création d'emplois liée aux débouchés qu'offrent ces pays pour les entreprises en France est
donné comme une évidence qui ne dit rien sur la
nature des emplois créés. De ce point de vue, la
balance n'est pas forcément égale. Les emplois qui
partent sont souvent liés à des activités industrielles
ou de service employant une main-d'œuvre relativement peu qualifiée, alors que celles dont on espère

le développement impliquent généralement une plus grande qualification. L'idée d'une division internationale du travail est souvent associée au principe selon lequel les pays développés devraient désormais se concentrer sur des activités à forte valeur ajoutée, mettant en œuvre des technologies de pointe et répondant à des critères extrêmes de qualité, impliquant un haut niveau de formation et des savoir-faire complexes. La création des pôles d'excellence et de compétitivité capables d'affronter efficacement la concurrence mondiale dans tous les domaines va précisément dans ce sens. Cette orientation, pour nécessaire qu'elle soit, laisse de côté la question : que deviennent les salariés qui n'ont pas la qualification suffisante ? Le développement indispensable de la formation ne peut prétendre les transformer tous en chercheurs, ingénieurs, techniciens ou cadres. Telle est pourtant l'idée impossible que semblent laisser entendre nombre de discours sur la modernisation depuis les années 1980. Dans les vieilles régions industrielles, aucun plan de reconversion n'a pourtant réussi à compenser les milliers d'emplois perdus. L'idée selon laquelle chaque pays serait nécessairement gagnant relève d'un dogme libre-échangiste qui vaut bien l'ancienne croyance dans les vertus de l'économie étatisée. L'Union européenne est en fait loin d'être unifiée sur ce point et, en attendant, les populations des régions concernées se trouvent placées dans des situations insupportables.

## L'IMPUISSANCE FACE AU CHÔMAGE
## DE MASSE

Le constat est brutal : les différents gouvernements n'ont pu mettre fin au chômage de masse qui sévit dans le pays depuis trente ans. Les anciennes catégories ouvrières peu qualifiées ont été les premières victimes des plans successifs de restructuration qui ont aussi frappé l'encadrement. Cette impuissance face au chômage n'en a pas moins créé de l'emploi, non pour les principaux concernés, mais pour des catégories nouvelles développant des activités d'audit, de conseil et de formation. Tout un nouveau secteur d'activités s'est développé sur le chômage de masse. Ces activités jouent avant tout un rôle d'accompagnement social et d'assistance qui, pour être utile, ne répond pas cependant aux attentes des demandeurs d'emploi. L'activisme qui règne souvent dans les multiples organismes et associations travaillant dans le secteur de l'insertion, de la formation et de l'emploi semble vouloir justifier l'utilité sociale d'une activité aux résultats incertains et fragiles. L'enrobement de la réalité par une rhétorique faussement savante et de multiples outils d'évaluation est souvent inversement proportionnel à la transformation effective des situations. Un langage technocratique et indigent masque tant bien que mal les difficultés à retrouver un emploi et des situations souvent dramatiques. Il faudrait pouvoir chiffrer le nombre de rapports d'études, d'articles, de réunions, de colloques portant sur les «compétences» et les «emplois» de toute nature (industriels, de service, territoriaux), sur les projets de création d'activités dites d'«utilité sociale», sur les bilans des dispositifs divers d'insertion et de formation, qui ont lieu depuis trente ans, et les mettre en rapport avec les statistiques du chômage. Ce n'est pas le dévouement des intervenants en première ligne qui est en question, mais la logique de «pompiers du social» dans laquelle ils s'inscrivent, faute de mieux. Le chômage entraîne une crise identitaire et sociale que les multiples dispositifs d'assistance ne peuvent résoudre. Dans les régions les plus touchées, c'est le creuset (tout à la fois économique, social et culturel) dans lequel s'inséraient les rapports sociaux et qui faisait la dynamique de la vie collective qui est atteint au plus profond. Il en résulte un sentiment de vide et d'abandon, que ni les animateurs, les formateurs, les médecins, les psychologues ne parviennent à réduire.

Les différents gouvernements cherchent à créer de nouveaux emplois couvrant des besoins sociaux non satisfaits dans les domaines de la santé, des loisirs, de la culture, emplois supposés être accessibles, moyennant formation, aux catégories sociales défavorisées qui subissent le chômage. Le plan Borloo, centré sur des activités de service, va lui aussi dans ce sens. Mais ces perspectives peuvent-elles résoudre à elles seules la déstructuration qui résulte du chômage de masse dans des régions ouvrières qui restent marquées par des savoir-faire et une culture liés à l'industrie ou dans des quartiers défavorisés où une partie de la jeunesse est désocialisée? Le

passage du travail industriel à des emplois de service, fût-ce au prix de multiples stages de formation,
ne va pas de soi et il entérine, sans grand débat, le
déclin industriel du pays. Face à ces réalités, les
déclarations généreuses du Traité ont peu de poids.

## L'EMBALLEMENT

Ces aspects sociaux et économiques ne sont pas
seuls en cause dans le vote négatif. Ils se combinent
avec un discours porteur de représentations du
monde et des évolutions qui sèment le stress et le
trouble au sein de la société.

L'Union européenne se présente volontiers comme
un espace d'ordonnancement et de paix dans un
monde chaotique. Mais, en même temps, elle semble
mue par un activisme et une volonté de marche en
avant que rien ne semblait jusqu'alors pouvoir arrêter. L'accélération de l'élargissement à vingt-cinq
puis à trente, les pourparlers avec la Turquie ont
donné l'image d'une sorte d'emballement échappant
aux peuples et à leurs représentants, entraînant
l'Union dans un mouvement effaçant les frontières
et les identités. Mondialisation et construction de
l'Europe ont pu ainsi se faire écho comme participant d'une histoire immaîtrisable que le Traité
constitutionnel tentait vainement de contenir, son
caractère illisible et protéiforme renforçant l'idée
d'une impuissance à peser efficacement sur le cours
des choses. La construction de l'Union européenne

n'a pas ainsi échappé à la représentation d'un mouvement indéfini, sans but ni sens, devenant à lui-même sa propre fin, sans repères stables où s'accrocher, ouvert sur un avenir porteur de possibles régressions.

Dans un premier temps, le Traité a de fait été présenté comme résultant d'un mouvement inéluctable dont l'approbation par le peuple devait aller de soi. La façon dont on a fait valoir ce référendum et, à travers lui, le suffrage universel le vide ainsi d'emblée de son enjeu et de son sens. Le Traité s'est trouvé intégré dans ce paradoxe de la démocratie moderne qui la rend folle et qui consiste à présenter des choix politiques comme des non-choix imposés par des contraintes extérieures et des évolutions inéluctables dans une logique de la survie et de l'urgence. Tout devient alors affaire de «pédagogie» et de «communication» visant à intérioriser les contraintes et à convaincre les réticents de s'adapter au plus vite aux évolutions.

Quand il s'est avéré que le «oui» au référendum n'était pas acquis dans la majorité de l'opinion, les adeptes du Traité ont mobilisé des personnalités diverses issues des milieux artistiques, journalistiques et intellectuels. Il en est résulté un discours général et généreux sur l'ouverture, la culture, l'avenir de nos enfants et du monde, auquel s'est ajouté, une fois de plus, la remise en scène de Le Pen comme repoussoir. Cette mobilisation a ainsi laissé entendre que les partisans du «non» étaient passéistes ou ringards, moralement et politiquement incorrects. La campagne électorale a alors retrouvé les traits de la mobilisation de l'après-21 avril 2002, mais en produisant cette fois des effets inverses sur le vote. Dans le dernier temps de la campagne, le pouvoir a tenté de jouer sur la dramatisation et la culpabilisation. Le Premier ministre a cru bon de brandir la «crise économique» et l'«affaiblissement de la France» en cas de victoire du non, incapable de comprendre qu'une majorité de la population appréhendait la situation de cette façon depuis longtemps. Le chef de l'État n'a pas hésité, quant à lui, à déclarer que celui qui s'opposait au Traité était nécessairement contre la construction de l'Europe. De tels chantages grossiers ont eu les effets que l'on sait, mais ils n'en sont pas moins symptomatiques de la façon dont les gouvernants envisageaient ce référendum : l'acquiescement devait aller de soi, parce que résultant plus de l'adaptation à un état de fait que d'un choix délibéré ouvert sur des possibles.

La construction de l'Union européenne s'est enfin trouvée étroitement liée aux réformes en cours dans une logique d'esquive des responsabilités de la part de gouvernants. Ces derniers ont souvent reporté sur l'Europe une politique économique orientée sur la lutte contre l'inflation et la réduction des déficits publics qu'ils mènent, peu ou prou, depuis longtemps. Les réformes impopulaires peuvent être ainsi justifiées par des contraintes extérieures ou des politiques imposées par l'Union, alors que le chef de l'État et le gouvernement en sont partie prenante. Le Traité veut clarifier les responsabilités et les compétences de l'Union et des États membres, mais il ne rompt pas, par sa «complexité» et son aspect «usine à gaz», avec la dilution bureaucratique des responsabilités. Considérant que la France est un pays essentiellement hostile à toute réforme, certains ont mis leur espoir dans ce Traité comme un moyen de contournement. La formule de Nicolas Sarkozy: «Nous avons besoin de l'Europe pour moderniser la France[1]», en dit long sur la façon de penser commune à bien des adeptes des réformes à marche forcée. L'Union européenne peut être ainsi un moyen commode d'esquiver la confrontation directe avec l'opinion du pays. En fin de compte, la construction de l'Union européenne a permis d'«externaliser» les contraintes et de diluer la responsabilité des gouvernants. Si l'on ne peut pas tout attendre du pouvoir politique, les Français n'en demandent pas moins qu'il définisse des orientations et des choix intelligibles et qu'il assume ses propres responsabilités[2]. On peut ainsi estimer que l'absence d'un projet politique national clair intégrant la construction de l'Union, en cessant d'en faire un «point de fuite», a considérablement nui à cette dernière.

## LE FOSSÉ GOUVERNANTS-GOUVERNÉS

Depuis trente ans, l'action gouvernementale tend de plus en plus à se réduire à la «gestion des contraintes» et à l'«adaptation à la modernité». Au lieu d'être insérées dans une ambition et un projet politique, gestion et adaptation deviennent des fins en soi. Du même coup, c'est la capacité du politique à agir positivement sur le cours des choses et à dessiner un avenir discernable qui est atteinte. Cette politique gestionnaire s'amorce sous la présidence de Valéry Giscard d'Estaing dans la seconde moitié des années 1970. Depuis trente ans, le pays est ainsi soumis, par tous les moyens de communication existant, à un même type de discours qui résonne comme un chantage : la vitesse des évolutions et leur portée sont telles qu'il n'existe d'autre choix pour la société que de s'y adapter au plus vite si elle ne veut pas dépérir. Les choix à faire ne sont pas présentés clairement en termes de gains et de pertes, ils ne relèvent pas de compromis, mais ils sont exposés paradoxalement comme des « non-choix » dans une logique sacrificielle à laquelle échappent cependant ceux qui les énoncent. Le « changement » a remplacé l'idée de progrès et la « réforme » devient synonyme d'un mouvement que personne ne paraît être en mesure de maîtriser et dont on attend toujours les résultats significatifs en termes d'emploi.

Ce mouvement s'accélère au fil des ans et le discours politique s'aligne de plus en plus sur celui du management. Dans le cadre de l'« entreprise France », le peuple tend à être considéré comme une « ressource humaine » qu'il faut « convaincre », « mobiliser » et « former » pour le changement. L'intense activité communicationnelle est placée sous le signe de la transparence et vise à faire admettre à la société le bien-fondé du vaste chantier des réformes qui se succèdent à un rythme élevé. Dans ce cadre, dirigeants et dirigés, société et État sont placés sur le même plan, chacun étant censé être « acteur du changement » et pareillement concerné et responsable. La vitesse des changements dans tous les domaines allant en s'accélérant, la course pour rattraper le retard paraît sans fin, laissant en arrière les catégories sociales les plus vulnérables. Coupée d'un passé jugé obsolète et incapable de tracer un avenir positif, la temporalité de la réforme semble aujourd'hui s'emballer dans le vide, répétant sans cesse les mêmes injonctions, entraînant une partie de la société dans un activisme forcené, tandis que l'autre ne parvient pas à trouver sa place et ne se reconnaît pas dans un monde qui paraît livré au chômage et au chaos.

Cette fuite s'accompagne désormais d'un type de langage qui dit tout et son contraire, et pratique un art consommé de la dénégation[3]. La gauche, sous la présidence de Mitterrand, a constitué l'avant-garde dans l'art de manier l'équivoque et de ne pas assumer ses choix, en l'occurrence le tournant politique et économique pris en 1983-1984[4]. On retrouve une pratique du même ordre, exercée avec un aplomb peu commun chez Jacques Chirac, qui s'est fait élire sur un programme emprunté à la gauche traditionnelle contre son rival Édouard Balladur en 1995, pour faire une autre politique une fois arrivé au pouvoir. Plus globalement, entre les réformes annoncées, retirées, remises à plus tard ou relancées dans la plus grande confusion, l'État semble piloter « à vue » selon les opportunités. Le pouvoir et le discours politique deviennent insaisissables, opérant une sorte de louvoiement constant qui désoriente la société, et c'est sur un terrain déstabilisé que les mesures finissent par s'imposer. Le discours politique des gouvernants est largement devenu une rhétorique molle et communicationnelle qui sème la confusion et brouille les responsabilités. Les « raffarinades », petites phrases alambiquées et creuses dites sur un air enjoué, ont constitué de ce point de vue un summum encore inégalé. S'ajoutent enfin la compassion et de nouvelles lois répondant aux multiples plaintes des victimes revendiquant des droits dans une société éclatée qui ne sait plus où le pouvoir l'emmène.

L'État « manage », communique et compatit en surfant sur les évolutions et sur une demande sociale de plus en plus éclatée, faute de projet plus structurant. Les gouvernants donnent ainsi l'image d'un pouvoir informe et impuissant qui désoriente une société attachée, quoi qu'on en dise, à un modèle républicain où l'État demeure une référence centrale. On ne peut séparer le référendum de cette situation et le Traité lui-même est largement apparu dans son contenu et dans sa structuration comme participant de cette fuite en avant, de cette « langue caoutchouc » et de ce pouvoir informe. Ces trois traits combinés sont générateurs de désarroi et d'angoisse ; ils érodent considérablement la confiance des citoyens dans la politique et les institutions ; ils tendent à réduire la démocratie à une coquille vide. Cette nouvelle façon déstabilisante de gouverner se développe sur fond de crise des projets et des grandes idéologies politiques : nationalisme, communisme et socialisme, et la construction de l'Europe a servi de succédané.

## UN NOUVEL «ÉTAT DES MŒURS»

Au-delà des interprétations divergentes sur le résultat du référendum et ses effets, il est une question centrale à laquelle on ne peut échapper : «Comment en est-on arrivé à un tel gouffre entre gouvernants et gouvernés ?» Sur ce point, le clivage gauche/droite ne fonctionne pas puisque les deux camps sont concernés. Et, à vrai dire, la coupure ne se rapporte pas simplement à la sphère politique : elle concerne aussi les dirigeants économiques et les grands médias.

Dans le même temps où le gouvernement et le Medef appellent à la rigueur salariale, l'actualité est marquée par divers scandales. Nombre d'hommes politiques, de droite comme de gauche, se voient impliqués dans des «affaires» concernant le financement des partis, l'enrichissement personnel ou les conditions d'attribution de logement. Ces «affaires» sont de nature différente, mais elles n'en contribuent pas moins à la dégradation du statut des hommes politiques et des gouvernants. Dans le domaine social, les restructurations et les licenciements peuvent aller de pair avec des salaires mirobolants versés aux dirigeants d'entreprise. L'opinion prend connaissance régulièrement des salaires et des à-côtés de certains journalistes et vedettes du show-biz qui laissent pantois. Ces discours et ces pratiques répugnent à une mentalité populaire qui n'est pas dépourvue de sens moral, un «*common decency*», disait Orwell. Ils donnent l'impression que le pays est dirigé par une oligarchie cynique et corrompue qui s'accroche à son pouvoir et à ses privilèges.

Dans ces conditions, le résultat du référendum prend des allures de revanche sociale. Catégories socioprofessionnelles, revenus, niveau d'études, habitat rural ou grandes agglomérations, tout converge, à quelques exceptions près, pour dessiner un grand fossé. Celui-ci n'est pas nouveau — le référendum sur Maastricht en 1992, le résultat du premier tour des présidentielles en avril 2002, entre autres, l'avaient déjà fait apparaître —, mais la coupure est cette fois encore plus nette et la répercussion internationale du rejet du Traité lui donne une plus grande portée.

Aucun gouvernement ne s'est montré capable de réduire le fossé malgré toutes les promesses. Revenue au pouvoir, une partie de la droite tente de rattraper son retard de «modernité» sans parvenir vraiment dans ce domaine à la hauteur de la gauche des années 1980. Celle-ci veut alors se réconcilier avec l'entreprise et avec l'argent — ce qui en soi n'a rien de particulièrement scandaleux —, mais elle le fait dans une logique de nouveau riche et de parvenu qui heurte la sensibilité populaire. Qu'on se souvienne, par exemple, de l'émission grand public d'Antenne 2 «Vive la crise!» en février 1984, relayée par le quotidien *Libération*. On pouvait y voir Yves Montand, qui, après avoir chanté dans sa jeunesse les vertus de l'ouvrier métallo, célébrait désormais les vertus positives de la crise qui pourrait «libérer les énergies», en appelait aux sacrifices nécessaires,

tout en se faisant grassement payer pour sa prestation. C'est l'époque où le président François Mitterrand justifiait, face aux critiques, les très hauts
salaires de certains journalistes de télévision, où la
figure emblématique de Bernard Tapie, aventurier
et entrepreneur, n'hésitait pas à appeler les chômeurs à créer leur propre entreprise. À cela s'ajou-
tait une véritable fascination pour les évolutions
dans tous les domaines, au premier rang desquels
les nouvelles technologies. Un tel tournant culturel a grandement contribué à couper la gauche des
couches populaires. Parmi les zélateurs de la «modernité», le ministre de la Culture de l'époque, Jack
Lang, occupait une place de premier plan, revendiquant haut et fort le «mouvement», le «changement»,
l'«ouverture» et la «tolérance». Cette griserie inter-
venait sur fond de crise du corps de doctrine
traditionnel de la gauche et de sa stratégie. Elle
s'appuyait sur une évolution sociologique : la montée de nouvelles couches moyennes véhiculant une
culture post-soixante-huitarde qui allait trouver un
terrain de prédilection dans la presse et les médias
audiovisuels.

Une partie de la gauche journalistique a le plus
grand mal à se débarrasser d'un imaginaire qui est
rapidement passé de la mythologie du prolétariat à
un gauchisme culturel de bon aloi. Elle considère
toujours les couches populaires comme des «beaufs»
et ne cesse de leur donner des leçons de morale
pour qu'elles changent de mentalité et de mœurs.
Incapable de sortir de son ghetto mental et mondain, elle s'indigne à chaque élection, rejoue la
énième version de la lutte contre la montée de la

88     *La France morcelée*

xénophobie, du racisme, du fascisme rampant, ce
qui lui permet de perdurer sur une scène médiatique avide de bons sentiments. Le résultat du référendum a provoqué ce même type de réactions. Le
phénomène peut être décrit quasiment dans les
mêmes termes que ceux qu'employait Marcel Gauchet dans *Le Débat*, il y a quinze ans : « L'étonnant
reste la cécité militante dont le phénomène fait l'objet du côté de la gauche en particulier. [...] Un mur
s'est dressé entre les élites et les populations, entre
une France officielle, avouable, qui se pique de ses
nobles sentiments, et un pays des marges, renvoyé
dans l'ignoble, qui puise dans le déni opposé à ses
difficultés d'existence l'aliment de sa rancœur[5]. »

## DÉCULTURATION ET ISOLEMENT DES « ÉLITES »

Un tel fossé ne renvoie pas seulement à des facteurs d'ordre socio-économique. Il traduit aussi des
changements culturels profonds dans les visions du
monde et les comportements. Une partie de ce
qu'on appelle encore les élites est déculturée et vit
dans un isolement dont il importe de comprendre
la genèse en revenant sur les évolutions des parcours de vie et de formation. Littérature, histoire et
philosophie ont longtemps été des éléments de référence dans l'enseignement et l'éducation populaire.
Ces disciplines s'enracinaient dans une tradition

nationale, elles étaient au cœur d'une culture humaniste et républicaine et constituaient des ressources
intellectuelles où pouvaient puiser les hommes d'action. Qu'en est-il aujourd'hui? La spécialisation
opérationnelle dans tous les domaines semble avoir
pris le dessus, et les sciences humaines, réduites le
plus souvent à la sociologie et à la psychologie, sont
elles-mêmes étroitement instrumentalisées, mises
au service d'une pratique qui verse vers l'audit et le
management. Il en ressort une difficulté certaine à
penser une situation dans sa globalité, à la resituer
dans une histoire et lui donner ainsi figure humaine.
L'«adaptation à la modernité» et la «gestion de la
complexité» devenus des maîtres mots sont symptomatiques de ce manque de culture générale permettant de resituer chaque élément dans un ensemble
qui lui donne sens. L'évolution du discours politique qui s'adresse désormais aux citoyens en termes
de communication en atteste. Les grands choix
politiques et historiques qui s'offrent au pays s'effa-
cent de plus en plus derrière un catalogue de
réformes complexes dont on demande à chacun
d'être en quelque sorte l'«acteur-mécanicien». La
technocratie moderniste transforme ainsi la démocratie en un exercice de pédagogie visant à persua-
der le peuple de s'impliquer dans un processus et
une machinerie dont il ignore les fins. Une telle
optique entraîne une réplique des gouvernés que
l'on peut entendre aujourd'hui dans l'ensemble des
sphères d'activité : «Où veulent-ils au juste nous
mener?» Un esprit avisé ne manquera pas alors de
relancer la question: «Savent-ils eux-mêmes où ils
veulent aller?»

Cette déculturation des dirigeants se double d'un cloisonnement social qui ne permet plus de comprendre l'expérience commune. Les parcours de formation spécialisés de plus en plus tôt finissent par réunir des individus d'origines et de milieux sociaux semblables. Les deux principales institutions qui permettaient à la fois la rencontre des différentes catégories sociales et la formation du sentiment national ne jouent plus ce rôle aujourd'hui. L'une, le service militaire, a disparu. L'autre, l'école républicaine, est en crise depuis longtemps. La structuration des villes et des banlieues joue dans le même sens : elle ne regroupe pas des populations d'origines sociales et de cultures diverses, elle les sépare et les enferme dans des ghettos. Comment un responsable peut-il comprendre la « mentalité » de ceux dont il a la charge s'il n'a pas eu l'occasion dans son parcours de vie et de formation de les fréquenter de près, d'avoir partagé avec eux des expériences humaines qui sont le lot commun ? Il ne s'agit pas de nier l'écart entre dirigeants et dirigés, de faire comme si les différences de formation, de culture, de statut pouvaient se dissoudre dans une expérience commune. Mais ces différences ne prennent sens qu'à partir d'un fond commun duquel elles émergent. Ce qui fait que les contradictions et les conflits peuvent être reconnus et ne débouchent pas sur la négation de l'autre.

Mais, à dire vrai, le danger qui guette la démocratie est moins celui des contradictions et des conflits, comme on en a connu dans le passé, qu'un processus de délitement et de repli par lequel chacun tient à affirmer sa différence et sa distinction

alors que le creuset commun se dissout. Le développement du chômage de masse, l'érosion du sentiment de l'appartenance nationale et la perte de
confiance en l'avenir sont au cœur d'un fossé qui
est à la fois d'ordre social et culturel : coexistant
dans un pays qui ne sait plus trop qui il est et où il
va, les individus sont non seulement dans des situations économiques et sociales très différentes, mais
dans des univers mentaux qui ne communiquent
plus vraiment. Peut-on considérer qu'il s'agit là
d'une exception française ? Qu'en est-il au juste de
l'ethos des peuples européens tel qu'il transparaît
dans le Traité ?

## QUEL HÉRITAGE ?

Le préambule de la Charte des droits fondamentaux se réfère de façon éthérée à des valeurs sans
ancrage historique, valeurs auxquelles beaucoup de
peuples du monde et leurs représentants donneraient volontiers leur accord de principe. « Dignité
humaine », « liberté », « égalité », « solidarité », « démocratie », « État de droit » sont liés à un « patrimoine
spirituel et moral » dont la genèse reste dans l'ombre.
Il est vrai que la première formulation du projet de
Traité : « Vers une Constitution européenne », n'était
guère plus explicite, puisqu'il indiquait que les valeurs
qui fondent l'humanisme ont été développées par
les « habitants [de l'Europe], venus par vagues successives depuis les premiers âges[6] », sans qu'on

sache exactement jusqu'à quel âge il convient de
remonter. Pourquoi se refuser à citer les principales
sources et les grands moments qui ont façonné l'Europe et la distinguent des autres civilisations ?

On peut y voir une volonté de ne pas favoriser un
« conflit des civilisations », de ne pas heurter la sensibilité des autres cultures et religions, en particulier l'islam et la Turquie que certains voudraient
intégrer à terme dans l'Union. Mais, qu'on le veuille
ou non, la modernité est définie par des valeurs et
des évolutions qui trouvent leur origine en Europe
et qui se sont répandues dans le monde entier : développement scientifique et technique, dégagement
progressif de l'emprise du religieux amenant la formation de l'État moderne et de l'humanisme, développement d'un bien-être matériel et social... Les
pays de l'Europe occidentale se sont construits avec
les héritages gréco-romain, juif et chrétien, et celui
des Lumières. Ce dernier est fortement marqué par
l'autonomie de jugement, la distance critique et le
doute qui font de l'Europe le « continent de la vie
interrogée ». Les autres civilisations n'ont pas eu ce
même parcours historique et, si elles s'inscrivent
aujourd'hui dans le monde moderne, elles ne l'ont
pas engendré. On ne peut faire fi de cette réalité historique, sinon au prix d'un déni de ce qui spécifie
l'Europe.

La difficulté des pays européens à affirmer un
héritage culturel commun n'est pas seulement due à
son éclatement en cultures nationales particulières.
Cette difficulté s'éclaire en regard de la période bien
spécifique de l'histoire, le XXᵉ siècle, dans laquelle

s'est construite l'Europe. «Partager un avenir paci-
fique fondé sur des valeurs communes[7]» laisse en
fait surtout entendre une volonté de passer à autre
chose, d'en finir avec les guerres et les barbaries qui
ont marqué l'histoire de l'Europe. Sa construction
s'enracine dans un «Plus jamais ça!» qui fait peser
en même temps un doute profond sur les capacités
émancipatrices de sa culture, comme si les guerres
et les totalitarismes du xxᵉ siècle avaient tout dévasté
sur leur passage et empêchaient désormais toute
réappropriation. Comme le dit si bien George Steiner: «Nous comprenons maintenant que les sommets de l'hystérie collective et de la sauvagerie
peuvent aller de pair avec le maintien, et même le
renforcement, des institutions, de l'appareil et de
l'éthique de haute culture. En d'autres termes, les
bibliothèques, musées, théâtres, universités et centres
de recherche, qui perpétuent la vie des humanités et
de la science, peuvent très bien prospérer à l'ombre
des camps de concentration[8].» Le paradoxe de la
construction européenne est qu'elle se développe
dans un moment où son héritage premier qui la spécifie comme civilisation se trouve terriblement mis
à mal.

En contrepoint, s'affirme une exigence de paix et
de bonheur individuel qui entraîne des transformations de l'ethos des sociétés démocratiques. L'origine
de la construction européenne s'inscrit précisément
au carrefour de ces deux mouvements, à la césure
qui coupe le xxᵉ siècle en deux et inaugure une nouvelle ère des pays démocratiques européens. Le
développement de la consommation, des médias,
des loisirs façonne des modes de vie qui valorisent le

présent et se dégagent des obligations collectives.
Les révoltes étudiantes de la fin des années 1960 en
portent la marque : l'exigence d'une liberté absolue
sans référent et sans ancrage, associée à l'idée de
table rase, est en fait portée par la révolte de la génération du *baby-boom* élevée dans le contexte de la
fin des guerres en Europe et le développement de la
consommation et des loisirs. Le bonheur devient
synonyme d'épanouissement individuel, passant par
la satisfaction immédiate des besoins et des désirs,
appelant un perpétuel renouvellement, tandis que
l'héritage historique des sociétés démocratiques est
réduit à ses pages les plus sombres et se trouve largement rejeté par la jeunesse. Le présent, désormais
désarticulé du passé et de l'avenir, devient la temporalité centrale et la démocratie tend à être comprise
comme un régime au service des aspirations individuelles multiples, garantissant leur droit sans
restriction et fournissant les moyens de leur accom-
plissement. La longue liste de droits de la Charte
des droits fondamentaux de l'Union en porte la
marque.

Ces transformations vont de pair avec le rejet de
l'idée nationale assimilée à la guerre et considérée
comme responsable de tous les maux dont a souffert
l'Europe. S'y oppose une référence emblématique
aux droits de l'homme qui rend possible une relecture de l'histoire qui la coupe en deux : d'un côté la
modernité présente, celle de la reconnaissance
pleine et entière des droits de l'homme et, de l'autre,
une sorte de préhistoire obscurantiste livrée aux
passions nationales meurtrières. « Se débarrasser
au plus vite des nations » qui porteraient en elles la

guerre comme la nuée porte l'orage, telle nous paraît être une des idées bien présentes dans les rangs de la gauche du « oui » en France et bien au-delà.

Quelle histoire va-t-on désormais apprendre à nos enfants ? Comment leur faire comprendre, par exemple, que leurs arrière-grands-parents qui sont partis faire la guerre en 1914 n'étaient pas des arriérés ou des barbares ? Ou encore que les premiers résistants n'étaient pas des défenseurs des droits de l'homme avant l'heure, mais des patriotes pour qui la vue des troupes d'occupation était insupportable ? Les pays de l'Union européenne — la France et l'Allemagne en particulier, qui ont été le moteur de la construction européenne — n'en ont pas fini de régler des comptes avec leur passé. Cette révision possible de l'histoire va de pair avec la montée d'une nouvelle innocence à base de bons sentiments[9] dont les effets peuvent s'avérer destructeurs sur la compréhension de l'ambivalence de l'histoire et le tragique qui lui est inhérent. C'est la « chair de l'histoire » reliant les hommes entre eux par-delà le temps qui est atteinte et, avec elle, le sens que les hommes donnent à leurs œuvres et à leurs actions. Tels nous paraissent être les faiblesses et les dangers des démocraties européennes marquées par le syndrome post-totalitaire de la culpabilité et de la mémoire pénitentielle.

Dans sa dimension constituante le Traité laisse entendre qu'existerait un peuple européen qui serait conscient et fier de son héritage et qui voudrait que l'Union européenne s'affirme comme une nouvelle puissance économique, politique et militaire capable

de peser efficacement sur le monde. Un tel volontarisme fait fi de la diversité des politiques et des cultures nationales, et les institutions qu'il propose ne
feront pas magiquement disparaître les profonds
désaccords qui existent entre les différents pays,
notamment en matière de politique étrangère. Mais,
au-delà de ces réalités, la mentalité actuelle des
peuples européens ne semble pas être celle que ce
texte leur prête. La construction de l'Europe implique
que les pays européens se réconcilient avec leur
propre histoire pour se construire un avenir qui ne
soit pas une fuite insignifiante et vaine.

CHAPITRE III

# HYPOTHÈSES
## POUR COMPRENDRE
## LE CHAOS AMBIANT*

Les grèves et conflits de mai-juin 2003 laissent une impression de confusion et de chaos. Le télescopage des réformes (décentralisation, Éducation nationale, retraite...), le malaise et l'exacerbation au sein des services publics, tout particulièrement à l'école, les grèves et les manifestations à répétition ont rendu le recul réflexif et le débat argumenté difficiles, voire impossibles. Tout s'est mêlé dans un grand déballage et un affrontement où se rejouent des clivages politiques et idéologiques traditionnels qui ne contribuent guère à cerner ce dont il est question. Il est vrai que la façon dont le gouvernement mène ses réformes fournit un terrain propice. La logique de l'urgence, les petites phrases déstabilisatrices et le règne de la «com» attisent le sentiment d'être méprisé chez les fonctionnaires, particulièrement chez le personnel enseignant. Mais dans le camp opposé, la démagogie et l'opportunisme n'ont pas manqué. La révolte qui allie en un tout chaotique problèmes réels, rumeurs, fantasmes et corpo-

* _Le Débat_, n° 126, septembre-octobre 2003.

ratisme ne constituent en rien une alternative ou la manifestation d'une dynamique nouvelle de citoyenneté. La tentation existe pour une gauche en crise et des organisations syndicales en difficulté de considérer ces conflits dans la fonction publique comme un renouveau du mouvement social qui aurait, en arrière-fond, une filiation imaginaire avec les luttes du mouvement ouvrier.

QUEL MOUVEMENT SOCIAL ?

*Décembre 1995-mai 2003 : le retour du même ?*

Sous nombre de ses aspects, les grèves et conflits de mai-juin 2003 s'apparentent à ceux de décembre 1995, en même temps qu'ils manifestent un développement du désarroi et accentuent la coupure entre secteur privé et public. C'est dans les manifestations de rue que ces différents mouvements ont convergé pour se regrouper autour du retrait du plan gouvernemental de réforme du financement des régimes de retraite. Ce sont ces manifestations qui ont donné au mouvement un caractère de masse. Comme en décembre 1995, pendant quelques semaines, des grèves et des journées d'action se sont entrecroisées. Cette succession a pu laisser croire à un élargissement continu du mouvement alors que, là aussi, la situation est plus éclatée et complexe. Les enseignants ont été les premiers en lutte sur des problèmes qui n'étaient pas liés, au départ, à la

retraite. Les conditions de travail et certaines revendications ne sont pas de même nature selon qu'il
s'agit des enseignants, des conducteurs de bus, des
cheminots ou des éboueurs…, en même temps que
la défense des régimes de retraite apparaît comme
un point particulièrement sensible qui les fédère
tous, comme ce fut le cas pour le plan Juppé huit
ans plus tôt. Mais les grèves et conflits de mai-juin
2003 n'ont pas retrouvé la même dynamique ni le
même impact que ceux de décembre 1995.

Le mouvement de décembre 1995 est apparu
comme un tournant par rapport à l'« ère du vide » et
la résignation qui semblaient dominer la société
française depuis les années 1980. Il manifestait le
refus d'une logique sacrificielle en même temps
qu'une sourde angoisse. Le plan Juppé, en dehors
même de son contenu, a servi de catalyseur à un
désarroi et à une colère longtemps retenus, symptomatiques de la disparité entre les discours et les pratiques des pouvoirs en place et le mal-être existant
dans la société. On a pu parler à cette occasion, à
tort ou à raison, de « grève par procuration », et le
mouvement de décembre 1995 a bénéficié d'un courant de relative bienveillance dans le secteur privé
et la population, malgré les difficultés qu'il a cau-
sées dans les grandes villes. Les grèves et les manifestations de mai-juin 2003 interviennent dans une
situation différente, marquée par l'accentuation des
divisions sociales. En huit ans, les coupures entre
les salariés du secteur privé et ceux du public, entre
les salariés des services publics et les usagers se sont
accentuées. Dans une situation qui paraît immaîtrisable, les salariés des entreprises privées mènent

des luttes souvent désespérées pour tenter de sauvegarder leur emploi, tandis que les salariés du public
défendent leurs avantages acquis. Dans ces conditions, prétendre que les revendications de ces derniers rejoignent les intérêts des salariés du secteur
privé perd toute crédibilité. De telles affirmations
ne trompent plus grand monde et alimentent le poujadisme antifonctionnaire. Faut-il le rappeler ? Les
services publics n'appartiennent pas aux salariés
du secteur public et leurs revendications ne sont
pas porteuses comme par enchantement de l'intérêt
général.

### *Quel corporatisme ? Quel syndicalisme ?*

Comme en décembre 1995, on n'a pas manqué de
souligner l'aspect corporatiste de ces grèves, mais
de quel corporatisme au juste parle-t-on ? À l'origine,
cette notion implique l'organisation en corporations
de métiers sous l'Ancien Régime. Le développement
de l'industrie et de la société moderne a été marqué
par la disparition des corporations de métier au profit de la défense des intérêts des classes sociales à
travers les organisations syndicales. L'appartenance
à une profession particulière n'en demeure pas moins
un élément de structuration de l'identité sociale par
lequel les individus se sentent solidaires et s'insèrent comme groupe particulier dans la collectivité.
L'existence de tels groupements et leur expression
syndicale au sein de la société civile ne constituent
pas un facteur de désagrégation, mais un mode particulier d'insertion dans la société. Toute la question

est de savoir ce qu'il advient aujourd'hui de ce mode d'appartenance et de son lien avec l'ensemble de la collectivité.

Dans la période d'expansion économique, la défense des intérêts catégoriels s'inscrivait dans un développement dont l'ensemble de la société, à différents degrés, pouvait bénéficier. La croissance aidant, les intérêts catégoriels ne paraissaient pas remettre véritablement en cause l'intérêt général. Ils s'affirmaient dans l'espace public au nom d'un progrès social qui semblait aller de soi. Le syndicalisme était alors estimé comme une des « forces vives de la nation » que le pouvoir politique cherchait à impliquer dans la modernisation de l'après-guerre. Au-delà même de la défense des intérêts particuliers, le syndicalisme pouvait être considéré comme un mode spécifique d'éducation et de participation populaires aux affaires publiques, un espace de débat et de proposition sur des problèmes sociaux particuliers qui n'en concernaient pas moins la collectivité nationale.

La seconde moitié des années 1970 ouvre une époque différente de celle des Trente Glorieuses. Dans les conditions du ralentissement de la croissance et du développement du chômage de masse, l'expression des revendications catégorielles prend une autre signification. Avec le poids du chômage, la multiplication des plans de restructuration et les vagues de licenciement, la sauvegarde de l'emploi, de son propre emploi, devient une préoccupation centrale. L'éclatement du salariat (diversification des statuts, accroissement de l'intérim, des CDD et des formes d'emplois atypiques) rend plus difficiles

la solidarité et les revendications communes. Les
revendications ne trouvent plus à s'insérer dans une
vision positive de l'avenir avec l'optique d'une croissance indéfinie des avantages. Bien au contraire,
présent et avenir sont devenus incertains et ouverts
sur de possibles régressions. Dans ces conditions,
la défense des revendications catégorielles exprime
un repli défensif sur ses propres acquis et va s'appa-
renter de plus en plus à un « Sauve qui peut ! ». Au
sein du secteur public, les situations acquises ne
sont pas du même ordre que celles du privé, la
garantie de l'emploi et le rapport spécifique au travail constituant des éléments clés. Affirmer alors
que la défense du régime des retraites de la fonction
publique correspond à l'intérêt de tous les salariés
est devenu inaudible pour la grande majorité de la
société.

Le syndicalisme se trouve aujourd'hui confronté à
des difficultés multiples qui le placent dans une
situation qui n'est plus comparable à celle du mouvement ouvrier. La crise du militantisme traditionnel, la fin des bastions traditionnels du syndicalisme
(ouvriers de la grande industrie) au profit du développement du tertiaire et la montée du chômage de
masse l'ont considérablement affaibli. À partir de la
seconde moitié des années 1970, les effectifs syndicaux commencent à chuter de façon importante.
Dans les années 1990, on comptait environ deux
millions de syndiqués en France, toutes organisations confondues, soit, à titre de comparaison, à peu
près autant que les seuls effectifs de la CGT il y a un
quart de siècle [1]. La désaffection vis-à-vis du syndicalisme touche tous les secteurs d'activité. Le taux

de syndicalisation en France est le plus faible des pays d'Europe. Tous syndicats confondus, les syndiqués en France représentent, selon les différents chiffres fournis, un pourcentage compris entre 7 % et 10 % de la totalité des salariés. À ce faible pourcentage s'ajoutent les différences importantes entre les secteurs public (environ 10 % des salariés) et privé (5 %), ainsi qu'entre les grandes et les petites entreprises. Dans beaucoup d'entreprises, le nombre de militants syndicaux est extrêmement faible par rapport au nombre total des salariés. On assiste également à un effritement de la participation des salariés aux élections aux comités d'entreprise. Alors qu'en 1968 cette participation était proche de 74 %, elle a atteint 63,7 %, en 2000, son plus bas niveau jamais enregistré[2]. Cette participation va décroissant avec la taille de l'établissement et l'écart tend à s'accroître entre petits et grands établissements. Les élections prud'homales, qui constituent un autre facteur de la représentativité syndicale, sont marquées par un taux élevé d'abstentions. Celui-ci n'a cessé de se développer depuis la fin des années 1970[3], atteignant un nouveau record en décembre 2002 : la participation était de 32,6 % pour l'ensemble du salariat[4] et l'abstention a atteint son chiffre le plus élevé dans le collège salarié : 67,3 % des inscrits. Au sein de la fonction publique d'État, on assiste au progrès des organisations minoritaires, telles que le syndicat Sud, cette progression étant particulièrement sensible au sein de l'Éducation nationale.

Si le syndicat, comme le montrent des sondages[5], n'en continue pas moins de constituer une référence, le rapport au syndicat a changé avec l'érosion du sentiment d'appartenance à une classe et la montée de l'individualisme qui a tendance à considérer le syndicat comme un simple instrument de défense de ses propres intérêts en cas de problème. Les grèves et les conflits dans les services publics peuvent recréer une dynamique sur le moment et laisser croire aux militants que c'est reparti comme avant, mais qu'en est-il sur le long terme ? Face à l'érosion globale de leurs effectifs et de leur représentativité, les syndicats risquent de se replier de façon défensive sur le service public comme dans une forteresse assiégée. Cette mentalité de forteresse assiégée se retrouve en fait chez les enseignants et, plus largement, chez les salariés de la fonction publique, ce qui amène nombre d'entre eux à se couper un peu plus du reste de la population.

## *L'influence du néogauchisme*

Lors de ces conflits, des seuils ont été franchis qui manifestent une dégradation du lien civique. S'opposer aux réformes sur les retraites de la fonction publique en désorganisant les transports aux heures de pointe et lors des grands départs, laisser pourrir les ordures dans les quartiers, menacer ou tenter d'empêcher la tenue des examens… manifestent une exacerbation qui fait fi du lien avec les usagers, les élèves et les parents d'élèves. De telles actions, même minoritaires, ne sont pas anodines et les syndicats et les partis de gauche n'ont rien à gagner en laissant planer la moindre équivoque sur ce point. Développant une logique jusqu'au-boutiste, les intermittents du spectacle en grève ont donné une image intolérante et sectaire des milieux artistiques qui les isole de la population. La défense dogmatique d'un régime d'assurance chômage dont le déficit représente un quart du déficit global de l'Unedic est apparu comme un refus flagrant de se confronter à la réalité et de se décentrer.

Le repli corporatiste manifesté dans les grèves de mai et juin 2003 est d'un genre bien particulier : il s'individualise et se radicalise, épouse les formes de lutte qui sont celles de l'extrême gauche, cette dernière espérant pouvoir en tirer quelques profits. Disposant d'implantations syndicales, les militants trotskistes croient revivre la lutte des classes le temps des conflits et replaquent leur schéma de la « grève générale » comme ils l'ont toujours fait. Ce gauchisme renoue avec des formes d'action minoritaires, il noyaute les syndicats ou met en place des coordinations qui les débordent.

Les dernières grèves dans la fonction publique ont ainsi montré l'importance prise par l'extrême gauche dans l'espace laissé vide par la crise du PCF. L'activisme militant des organisations trotskistes et anarchistes laisse croire à une simple résurgence du gauchisme passé, et les analogies avec Mai 68, là aussi, n'ont pas manqué. L'extrême gauche retrouve aujourd'hui une seconde jeunesse, mais, malgré les formes et les apparences, le gauchisme en question ne ressemble pas à celui du passé. S'il épouse les formes extérieures de l'ancien, il n'en comporte pas moins des éléments différents qui lui donnent une signification et une portée nouvelles.

L'extrême gauche bénéficie tout d'abord de conditions favorables, d'une implantation et d'une influence qui ne sont pas comparables à celles des années de l'après-Mai 68 où le gros des forces était concentré dans le milieu étudiant. Malgré la crise du communisme, les trotskistes et les anarchistes peuvent bénéficier d'une aura de bienveillance en raison de l'opposition au stalinisme pour l'un et au communisme pour l'autre, et ce, en dépit de leurs écrits doctrinaires et de leurs pratiques effectives. Les trotskistes disposent d'une implantation syndicale non négligeable dans des syndicats du secteur public (avant tout FO pour l'OCI, FO et la CGT pour Lutte ouvrière, la CGT et Sud pour la Ligue communiste) et ils peuvent se prévaloir de leur audience électorale (plus de 10 % des voix à l'élection présidentielle du printemps 2002 pour les trois candidats trotskistes). Ils rencontrent également un courant de sympathie dans certains médias et dans une frange de la jeunesse marquée par l'héritage impossible de Mai 68 qui érige la posture de la révolte et de l'anticapitalisme en modèle d'authenticité.

Ces organisations représentent la pointe extrême d'une mouvance plus large qui fait suite à la décomposition du communisme et à la crise des partis de gauche : reconversion d'une partie des militants du PCF dans le syndicalisme, développement du mouvement Attac et d'un journal comme *Le Monde diplomatique*, existence d'associations antérieurement subventionnées par la gauche au pouvoir et censées représenter la « société civile »... L'idéologie communiste est en ruine, mais certains de ses éléments éclatés n'en continuent pas moins de survivre

comme bribes d'explication au sein du milieu enseignant et dans une partie de la jeunesse en révolte.
Tous ces éléments contribuent à entretenir les restes
d'une idéologie et d'une identité contestataire et révolutionnaire, en même temps qu'ils servent de catalyseur au mal-être. Tout est ramené, peu ou prou, à la
«dictature des marchés», au «néolibéralisme», à la
«mondialisation libérale»…, ces notions se renvoyant
les unes aux autres dans un discours militant qui ne
cesse de donner des leçons en dénonçant la «trahi-
son» ou le «renoncement» des partis politiques traditionnels.

Ce gauchisme s'insère dans une nouvelle donne
sociale historique. Il se développe au moment où le
communisme disparaît, où le PCF est réduit à une
portion congrue qui tente de survivre. L'idéologie
qui, au-delà du communisme, structurait une identité de gauche (rôle de la classe ouvrière, conception
de l'histoire en marche, idée de rupture et d'une
société radicalement différente…) est en morceaux.
La crise culturelle ouverte en Mai 68 a produit ses
effets et contribué à la formation d'un nouvel individualisme dont le rapport avec le collectif et l'engagement militant traditionnel est, pour le moins,
problématique. Dans les grèves et les manifestations,
de nouvelles générations post-soixante-huitardes se
sont fait entendre, tout particulièrement chez les
enseignants, qui ne correspondent pas aux militants du passé. Ces générations n'ont que faire des
anciennes idéologies et manifestent un ras-le-bol
individuel et collectif qui sort des encadrements
syndicaux et politiques traditionnels. Ils font preuve
d'une radicalité dans le moment autour d'objectifs

délimités sans se soucier du reste de la société, des
alternatives possibles et de leur crédibilité. Un syndicat comme Sud a su exprimer et drainer cette
radicalisation individualiste et corporatiste. Le syndicat et les nouvelles formes d'organisations infor-
melles sont considérés comme des outils qui servent
à un moment donné en vue de revendications pré-
cises, quitte à changer de syndicat ou à se retirer si
cette instrumentalisation ne fonctionne pas.

L'extrême gauche s'appuie et surfe sur ce nouvel
individualisme en révolte. Les grèves et les conflits
de mai-juin 2003 ont été marqués par la rencontre
de ce nouvel individualisme radicalisé avec l'extrême gauche, y compris sous sa forme ancienne
comme le trotskisme. En ce sens, il est possible de
parler d'un néogauchisme, fruit de la rencontre de
formes anciennes d'extrémisme avec la radicalisation de l'individualisme. Ce néogauchisme succède
à l'«ère du vide» des années 1980 en même temps
qu'il en porte la marque par son individualisme et
son absence de projet. Il joue le rôle de nouvelle
mauvaise conscience de la gauche réformiste et
sociale-démocrate (rôle antérieurement tenu par le
PCF), constitue une nouvelle réalité sociale et culturelle qui entretient la posture victimaire et le nouveau moralisme dénonciateur. Il brouille le débat
démocratique en réintroduisant des clivages idéologiques et sectaires, comme si les trente dernières
années n'avaient été qu'une parenthèse et qu'aucune leçon n'avait été tirée de la fin du communisme et du mouvement ouvrier.

## De la lutte des classes au mouvement social

Le « mouvement social » est devenu une référence emblématique sans qu'on s'interroge sur sa signification. Or, cette notion a une histoire et donne lieu à plusieurs types d'interprétation. C'est le sociologue Alain Touraine qui, à l'origine, en est le promoteur. Après Mai 68, les nouveaux conflits (luttes étudiantes, mobilisations antinucléaires, mouvement occitan, mouvement des femmes…) sont interprétés comme les prémices d'un nouveau mouvement social devant, à terme, prendre le relais du rôle central joué antérieurement par le mouvement ouvrier. Pour le sociologue, les « nouveaux mouvements sociaux » issus de Mai 68 correspondent à l'étape historique nouvelle, celle de la société postindustrielle, dite aussi société programmée, où les conflits centraux mettent aux prises les populations avec les grands appareils technocratiques de définition des besoins, de décision et d'information. L'autogestion est alors considérée comme l'enjeu de ces nouvelles luttes dans une optique d'alliance avec la CFDT et en faisant du parti socialiste le relais politique de ces nouveaux mouvements. Pour Alain Touraine, un mouvement social dépasse la défense d'intérêts particuliers pour mettre en cause l'orientation globale de la société, les modèles de conduite sociale et culturelle dominants (définition des besoins, des modes de vie, des modèles de consommation…) ; il est porteur d'orientations culturelles nouvelles et d'un contre-modèle de société. Pour autant, il ne

vise pas la prise du pouvoir politique, se développe
en dehors de la sphère partidaire et étatique. Pour
le sociologue et ce qu'on va appeler la «deuxième
gauche», le renouveau du parti socialiste passe
alors par la prise en compte et la traduction politique de ces nouvelles orientations culturelles issues
de Mai 68.

Mais, à examiner de près le contenu des idéologies
et des utopies dont ces mouvements post-soixante-
huitards furent porteurs[6], on peut considérer que
cette ambition, pour le moins, n'allait pas de soi.
Cette recherche du mouvement social n'a guère
réussi, malgré les efforts des sociologues tourainiens, à «faire apparaître sur les terrains les plus
divers le nouveau mouvement social qui jouera
demain le rôle central que le mouvement ouvrier a
occupé dans la société industrielle[7]». Les espoirs
que la «deuxième gauche» a reportés sur ces «nouveaux mouvements sociaux» issus de Mai 68 se sont
effondrés à la fin des années 1970. Ces sociologues
n'en ont pas pour autant renoncé à chercher le nouveau mouvement social qui jouerait le rôle central
dévolu auparavant au mouvement ouvrier.

Avec les années 1980, marquées par l'arrivée de
la gauche au pouvoir et le développement de l'individualisme, ce nouveau mouvement social semble
plus difficile à trouver. La recherche se porte alors
sur les acteurs qui revendiquent des droits et des
identités : mouvement des Beurs et lutte antiraciste,
mouvements homosexuels associés à la lutte contre
le sida, mouvements des sans-papiers... Ceux-ci ne
manifestent pas, selon Alain Touraine, un simple
refus. Ils sont porteurs d'«innovation sociale et

politique», font valoir des «droits culturels», «combattent pour la défense du droit de tous à une existence libre et humaine»: «C'est ce genre de luttes, plutôt que les mouvements directement opposés à la logique libérale, qui méritent le nom de "mouvement social", tant il est vrai qu'il n'y a pas de mouvement social sans qu'une affirmation accompagne un refus»[8].

Alain Touraine est ainsi amené à faire jouer aux mouvements écologistes, féministes, homosexuels, antiracistes, lycéens... le rôle de nouvelles avant-gardes sociales et culturelles dans la mutation du monde que nous vivons.

Mais, par un étrange chassé-croisé, la notion de mouvement social va se trouver reprise dans une problématique bien différente. En décembre 1995, cette notion prend une autre signification au grand dam des tourainiens qui y voient, pour le moins, un détournement de sens opéré par leurs adversaires patentés au sein de la sociologie, à savoir Pierre Bourdieu et ses partisans. Les grèves et les conflits des salariés des services publics de décembre 1995 deviennent alors la nouvelle référence centrale dans une optique de critique de la gauche au pouvoir et du «néo-libéralisme». Alors que pour les tourainiens décembre 1995 exprime un «grand refus» sans perspective, pour les bourdieusiens il est au contraire considéré comme potentiellement porteur d'un projet de société et l'«avant-garde d'une lutte mondiale contre le néolibéralisme[9]». Le mouvement social désigne alors en un tout mêlé les luttes des salariés des services publics de décembre 1995 et les actions diverses menées par les associations de mal-logés et sans domicile, des sans-papiers, des chômeurs, des femmes et des homosexuels...

C'est cette version du tout-mêlé en référence à décembre 1995 et, plus loin, à Mai 68 qui va largement se diffuser. Dans les grands médias audiovisuels, les actions minoritaires, les grèves et les manifestations sont vite caractérisées comme « mouvements sociaux » et, pour beaucoup de militants de gauche, l'ensemble compose un « mouvement social » lui-même relié à la lutte internationale contre le « néolibéralisme ». Son invocation répétée peut être considérée comme une modalité de la fuite en avant, qui fait fi du recul réflexif et critique sur les causes du malaise existant et sur la période historique bien particulière que nous vivons. Mais la question demeure : comment comprendre cette exacerbation et ces conflits à répétition dans la fonction publique au-delà d'une référence emblématique à un « mouvement social » qui paraît devenu une fin en soi ?

### MALAISE DES SERVICES PUBLICS ET DÉVALORISATION DU TRAVAIL

Ces grèves de mai et juin laisseront des traces dans l'opinion publique. Elles ont développé un peu plus le malentendu et le fossé entre le secteur privé et le secteur public, entre les salariés des services publics et les usagers. Dans le domaine de l'enseignement, elles risquent fort de renforcer le mouvement déjà existant des inscriptions vers le privé. Elles n'en manifestent pas moins un profond malaise qu'il importe de traiter.

Sans prétendre rendre compte de l'ensemble des facteurs qui peuvent jouer dans le mouvement, il faut au moins tenter de comprendre ce qui se trouve en jeu dans la révolte des enseignants, dans le blocage commun sur la question des retraites et, plus globalement, dans les réformes menées au sein des services publics. Il ne s'agit pas, ce faisant, d'en revenir aux explications habituelles et contradictoires qui ont cours à droite et à gauche, mais d'essayer de cerner les aspects nouveaux et problématiques que ces conflits font apparaître.

## L'implosion de l'école

Avant même que le mouvement prenne de l'ampleur, les enseignants de certains établissements en province menaient, depuis des mois, des grèves à répétition contre la dégradation des conditions de l'enseignement, en particulier dans les collèges. La fin des emplois-jeunes, alors que le ministère insiste sur la lutte contre les incivilités et la violence à l'école, a été particulièrement mal vécue. S'y est ajouté le projet de décentralisation, vite interprété comme le signal du démantèlement de l'Éducation nationale. Il est vrai que cette décentralisation est devenue un des maîtres mots du gouvernement, jouant un rôle semblable à celui des «nationalisations» dans le programme de la gauche d'antan. Mais, en regard de ce qui se trouve effectivement en jeu dans ces mesures de décentralisation, on perçoit la part d'irrationnel et d'angoisse véhiculée par ce mouvement. Les écoles primaires et maternelles sont en effet depuis longtemps prises en charge par les communes (à l'exception du personnel enseignant) et, depuis près de vingt ans, les dépenses de construction et d'entretien des collèges sont assurées par le département et celles des lycées par la région. On ne voit pas en quoi le transfert aux collectivités locales de la responsabilité des personnels techniques, de la médecine scolaire et des assistants de service social en milieu scolaire — transfert sur lequel s'est polarisé le mouvement — constituerait une rupture qualitative. Les rumeurs et les bruits les plus divers se sont rapidement répandus et la loi Fillon sur les retraites allongeant la durée de cotisation est venue couronner le tout.

Les soupçons systématiques, le reproche de mépris adressé au ministre de l'Éducation nationale reflètent le degré d'exaspération existant dans le milieu enseignant. Dans une situation de dégradation des conditions de l'enseignement et de «ras-le-bol», le livre de Luc Ferry envoyé à chaque enseignant a été reçu comme un signe supplémentaire du mépris et de la coupure du pouvoir avec la réalité à laquelle se trouvent confrontés les enseignants dans les établissements. Du point de vue symbolique, les images d'enseignants jetant ou empilant les livres du ministre ont choqué. Qu'on le veuille ou non, de tels actes minoritaires donnent une image dégradée des enseignants dans leur rapport à l'écrit et à la culture. Ils contribuent à discréditer l'école publique aux yeux de l'opinion.

Ce livre n'a pas été lu et discuté rationnellement alors qu'il expose une analyse et des orientations qui méritent d'être prises en considération. Luc Ferry y exprime son choix de l'objectif prioritaire : lutter contre la « fracture scolaire » en insistant sur l'exercice de la lecture et de l'écriture ; il indique la nécessité de recentrer l'enseignement sur la transmission des savoirs ; il remet en cause le jeunisme et reformule la question de l'autorité ; il réaffirme la laïcité contre les dérives communautaristes ; il entend revaloriser les filières professionnelles... D'autres aspects — qui n'ont pas du tout été soulignés —, tels que « favoriser l'engagement de jeunes » avec une « conception élargie de l'éducation » se démarquent mal du modernisme qui sévit depuis des années dans l'Éducation nationale. Mais, dans tous les cas, ce livre n'a pas fait l'objet d'un réel examen. L'idée d'une sorte de vaste complot dont l'école serait victime brouille un peu plus le débat et esquive les questions de fond : que peut-on attendre de l'école aujourd'hui ? Quelles sont ses finalités particulières par rapport à d'autres activités sociales et d'autres institutions ?

De ce point de vue, la loi d'orientation de juillet 1989, mise en place par Lionel Jospin alors ministre de l'Éducation nationale, marque un tournant qui amplifie et légitime des tendances déjà existantes au sein de l'enseignement. Nombre d'articles de cette loi mettent à mal l'enseignement en le tirant vers une logique de prestation de service qui place l'élève « au centre » et entend répondre à une demande sociale d'éducation confuse et multiple. Le paradoxe du mouvement des enseignants est

qu'il manifeste un «ras-le-bol» face à ces missions
impossibles tout en demandant des moyens pour
les atteindre. À leur manière, les enseignants en
lutte ont largement intériorisé les objectifs de cette
loi d'orientation. La révolte contre les dégradations
de l'enseignement coexiste avec le modernisme et
verse dans la confusion en mélangeant tous les
plans.

On ne saurait ainsi faire de l'école le moyen *essentiel* de la lutte contre les inégalités sociales, sinon au
prix d'une dénaturation de ses missions fondamentales, qui demeurent la transmission des savoirs et
de l'héritage culturel, la formation de l'homme et du
citoyen, et dans le domaine professionnel l'acquisition d'un métier reconnu permettant à l'élève
d'entrer avec une qualification dans l'activité professionnelle. C'est dans le cadre global de ces objectifs que la question des inégalités entre en compte :
comment faire en sorte que cette transmission
et cette acquisition puissent se faire correctement
pour tous les élèves ? Comment corriger l'inégalité
des conditions de départ dans le cours même du
parcours scolaire, afin que la transmission d'une
culture commune et le principe républicain de la
promotion sociale, de la formation des élites issues
du peuple puissent être maintenus et développés ?
C'est de cette façon que l'école peut contribuer à
réduire les inégalités, sans pour autant prétendre
être le levier décisif de cette réduction et sacrifier
ses finalités particulières. La recherche vaine d'une
adéquation parfaite entre enseignement et emploi,
la socialisation des jeunes en difficulté et la lutte
contre la violence sont venues s'ajouter aux mis-

sions plus traditionnelles, rendant le métier d'enseignant de plus en plus difficile. Société et politiques
ont reporté sur l'école un ensemble de problèmes
qu'ils ne parviennent pas à résoudre, tandis que les
méthodes et les outils pédagogiques les plus divers
ont été présentés comme les clefs de l'«école de la
réussite» pour tous, des sortes d'outils miracle permettant d'effectuer en douceur ces missions impossibles.

Force est de constater que l'institution scolaire est
entrée en crise depuis longtemps et que le modèle de
l'école républicaine est mal en point. L'évolution
historique est marquée par la massification de l'enseignement qui pose des problèmes nouveaux en
termes de sélection, de diversification, de pédagogie,
de diplômes et de débouchés professionnels. Depuis
la fin de la Seconde Guerre mondiale, d'autres phénomènes sont venus se greffer sur cette évolution
longue. L'érosion des repères traditionnels de l'autorité, le chômage de masse et ses effets de désocia-
lisation, le développement considérable d'une culture
de l'image, le consumérisme et le culte de la réussite... constituent autant de conditions nouvelles qui
rendent plus difficile l'enseignement. Celui-ci suppose un minimum de socialisation, met en œuvre le
principe d'autorité et la transmission d'un héritage
culturel. Il implique un rapport à la temporalité qui
rompt avec l'immédiateté et le sentiment plus ou
moins conscient d'une dette et d'un devoir envers
les générations antérieures. Au cours de ces trente
dernières années, ces dimensions se sont considérablement érodées. L'arrivée d'un nouveau type de
jeunes qui ne ressemble guère aux élèves d'autrefois

est une nouvelle donne qu'on ne saurait ignorer. Une fois réaffirmées les missions de l'école dans les textes, la question demeure : comment socialiser et instruire ces jeunes sans pour autant tirer l'enseignement vers le bas ? Beaucoup de parents inquiets optent désormais pour des établissements d'élite ou le secteur privé. L'« école à deux vitesses » est devenue aujourd'hui une réalité, et le risque existe que s'installent durablement des ghettos scolaires dans les quartiers défavorisés.

Il est une réalité qu'on se refuse à aborder franchement : il existe une minorité de jeunes dont le comportement fortement instable et violent n'est pas compatible avec l'enseignement. Les campagnes contre les incivilités, le renforcement du personnel d'encadrement…, pour indispensables qu'ils soient, ne peuvent résoudre les cas les plus difficiles. Ces jeunes peuvent passer d'un établissement à un autre, s'enfoncer un peu plus dans la délinquance avant de se retrouver parfois en prison. Si l'on veut à la fois permettre qu'un enseignement de qualité ait lieu et aider ces jeunes en grande difficulté à s'en sortir, il importe d'assumer clairement le fait que ces cas minoritaires relèvent d'un type d'aide et d'encadrement social et psychologique, relevant d'institutions spécialisées en liaison ou non avec l'école. C'est la condition pour que l'enseignement puisse se faire dans de bonnes conditions et que ces jeunes puissent être réinsérés dans le cursus scolaire. Faute de quoi on dévalorise l'enseignement et tout particulièrement l'enseignement professionnel vers lequel ces jeunes en grande difficulté sont souvent orientés, faute de mieux, et maintenus ainsi dans une situation de perpétuel échec.

Au lieu d'aborder frontalement ces questions, le pouvoir politique a prétendu répondre à une demande sociale problématique, a empilé réforme sur réforme, déstabilisé l'institution scolaire par l'inflation des objectifs qu'il lui a fixés. Il a ainsi alimenté une «demande sociale» impossible à satisfaire. Cette façon de moderniser l'école s'est ainsi accompagnée d'un grand désarroi. Les réformes se sont succédé dans une optique d'adaptation et de l'urgence dont on mesure aujourd'hui les impasses. Comment reconstruire l'école en limitant ses objectifs, en la recentrant et en réactualisant ses missions essentielles pour répondre aux défis d'aujourd'hui ? L'avenir de l'école républicaine implique l'arrêt de la fuite en avant et une réponse claire et cohérente à cette question.

*Solidarité entre générations
ou repli individualiste?*

L'abord frontal de la question du financement des régimes de retraite du secteur public a été largement esquivé alors que le constat concernant les difficultés est posé depuis longtemps. Le constat a été dressé par la gauche au pouvoir et celle-ci, une fois revenue au gouvernement, n'a pas remis en question le passage à quarante ans de cotisation dans le privé effectué sous le gouvernement Balladur en 1993. Le financement des retraites du secteur public est une question d'autant plus sensible que l'implantation syndicale et la capacité de mobilisation y sont plus fortes. Le gouvernement a fait le choix de s'en tenir au système de répartition alors que les partisans des fonds de pension sont présents dans les rangs de sa majorité. Le projet de loi Fillon vise à augmenter les ressources et diminuer les dépenses de versement de pension par l'allongement de la durée de cotisation, en pariant sur une baisse du chômage et le retour de la croissance, ce qui ne va nullement de soi. Le parti socialiste propose, quant à lui, d'équilibrer les caisses de retraite par une augmentation du taux de cotisation sans toucher à la durée de quarante ans et en misant sur une «politique de l'emploi soutenue». Ce qui veut dire — on ne voit pas bien comment il pourrait en être autrement — augmentation des prélèvements obligatoires dans le secteur privé et augmentation des dépenses de l'État pour le secteur public. On peut débattre de ces choix, de la méthode de concertation, des façons différentes de mettre l'accent et de combiner les taux et la durée de cotisation. Mais, dans tous les cas, les choix proposés ne peuvent être crédibles que s'ils reconnaissent l'importance de la question démographique, prennent en compte la situation créée par le ralentissement de la croissance et le chômage de masse, et si les solutions sont à la hauteur du problème.

Dans les grèves et les manifestations, l'idée selon laquelle il suffirait de «prendre l'argent là où il est», c'est-à-dire du côté des profits des entreprises, a été mise en avant. Face à la confusion, il n'est pas inutile de rappeler quelques réalités. Dans la fonction publique, la retraite, comme les salaires, est

issue des ressources publiques liées aux prélèvements des impôts directs et indirects dont le volume
est lié à la croissance. Ce qui ne signifie pas que
les fonctionnaires ne soient pas productifs de biens
(dits non marchands ou échappant à la logique
dominante du marché) et qu'ils ne créent pas de
richesses[10] : ils assurent la production et la distri-
bution de services (sécurité, enseignement, santé…)
au bénéfice de la collectivité. Rappelons également, contre tout poujadisme, que les fonctionnaires,
comme tous les salariés, versent des cotisations
pour leur retraite et qu'ils contribuent au financement de l'Unedic par le biais du versement mensuel
d'une contribution solidarité correspondant à 1 %
de leur salaire.

Mais dès qu'on aborde la question du financement des retraites, il s'agit de prendre en compte le
fait que le système de financement du secteur
public n'est pas le même que celui du privé. Pour
ce dernier, les employeurs alimentent la caisse
d'assurance vieillesse de la Sécurité sociale par des
cotisations obligatoires[11] qui recouvrent à la fois la
part salariée et la part employeur. Quand les salariés prennent leur retraite, leur pension est versée
par la caisse de la Sécurité sociale (ainsi que par
leurs caisses de retraite complémentaire), le salarié
ne touchant plus rien de la part de son ancien
employeur. Pour la fonction publique, il faut être
conscient que les retraites sont financées par le
budget de l'État, c'est-à-dire par des impôts préle-
vés sur les ménages et les entreprises et que l'État
paie lui-même les retraites de ses anciens salariés[12].
Il est donc nécessaire de distinguer ces deux sec-

teurs dans l'abord des solutions. Pour le privé, il s'agit d'équilibrer les ressources et les dépenses des caisses de retraite, soit par l'augmentation des cotisations ou de la durée de cotisation, soit par la diminution des retraites versées (ou les deux, ce qui risque de se produire). Pour le public, il s'agit soit d'augmenter les ressources budgétaires de l'État pour payer les retraites des salariés du public, soit de diminuer les dépenses de retraite en allongeant la durée d'activité des fonctionnaires[13]. Dans ces conditions, que signifie l'idée selon laquelle il suffirait d'augmenter le prélèvement sur les entreprises pour financer à la fois les retraites du privé et du public ? Une telle perspective reviendrait à demander au secteur privé de payer l'accroissement du financement des retraites du secteur public, alors que le secteur privé a lui-même les plus grandes difficultés à assurer son propre financement. Il est vrai qu'existerait une autre possibilité : faire cotiser à une même caisse secteurs public et privé, ce qui aurait l'avantage de clarifier les choses, de réduire la coupure et les malentendus, et au passage de faciliter la mobilité des carrières entre les deux secteurs. Mais cette option, pas ou peu envisagée, heurte de plein fouet les crispations corporatistes.

Le plan Fillon a surtout donné lieu à un débat et une opposition portant sur les modalités comptables du financement et la crédibilité des solutions autres que celles de l'allongement des années de cotisation. La nécessité de prendre en compte la pénibilité du travail et les inégalités d'espérance de vie selon les catégories sociales a été également soulignée. Ces éléments, pour importants qu'ils soient, n'épuisent pas pour autant la question des difficultés actuelles de la retraite par répartition. Ces difficultés ont également une dimension culturelle qui n'est guère prise en considération, alors qu'elle est essentielle pour comprendre ce qui s'est passé. Des questions décisives ont été ainsi évacuées du débat : comment la société ou une grande partie de ses membres envisagent-ils la retraite ? Quelle représentation s'en font-ils et quelle valeur lui donnent-ils ? Quels en sont les effets sur les rapports sociaux, sur l'état du lien social et civique ? Faute d'aborder clairement ces questions, le traitement nécessaire des questions techniques ne permet pas d'éclairer significativement les choix qui s'offrent au pays et son propre avenir. Pour le dire autrement : la question du financement des régimes de retraite met directement en jeu le rapport de solidarité que les générations entretiennent entre elles et l'on est en droit de s'interroger sur ce qu'il advient de ce rapport de solidarité aujourd'hui.

Le fait que des générations au travail assurent le financement des inactifs implique que celles qui travaillent se décentrent par rapport au présent, prennent en compte non seulement leur propre situation individuelle, actuelle et future, mais également celles des générations à venir. Jusqu'à une période récente, cette idée semblait aller de soi par référence à une situation historique particulière. La retraite par répartition qui incarne ce principe a été instaurée après la guerre et s'inscrivait dans le développement économique des Trente Glorieuses. Elle est étroitement liée à l'idée que les générations présentes et à venir devraient connaître nécessairement une meilleure situation que celle de leurs aînés. Cette idée renvoie à celle du progrès économique et social, en même temps qu'elle coïncide pleinement, à l'époque, avec les intérêts de ceux qui cotisent. La solidarité était alors d'autant plus facile à mettre en œuvre qu'elle représentait un net progrès par rapport à la situation antérieure (où n'existait pas un tel système de retraite obligatoire), et elle ne concernait que l'avenir de sa propre génération. Pour faire bref, les salariés cotisaient pour leur propre retraite future. Le ralentissement de la croissance, le chômage de masse et la question démographique constituent une autre situation où la solidarité entre générations se pose de façon différente.

La reconnaissance de cette situation nouvelle ne va pas de soi, d'autant plus que la réduction continue du temps de travail est venue renforcer la représentation d'un mouvement historique inéluctable. Tout au long du XXe siècle, le temps de travail n'a cessé de diminuer sur la base d'un accroissement très important des gains de productivité et, avec le développement des loisirs de masse dans les années 1950 et 1960, de nouvelles habitudes de vie se sont installées. Le passage de l'âge de la retraite à soixante ans et la réduction de la durée hebdomadaire du travail à trente-cinq heures ont renforcé l'idée d'une progression assurée, associant confusément paiement des retraites et réduction continue du travail, sans prendre véritablement en compte une situation historique qui a changé.

Alors que la question de la solidarité entre générations ne posait pas véritablement problème jusque dans les années 1970 — chacun semblant y trouver son compte en croyant que l'avenir était assuré —, il n'en va plus de même aujourd'hui. Sans pour autant penser que l'avenir des enfants sera nécessairement plus sombre que par le passé et le présent, la question de la solidarité entre générations est désormais posée en des termes qui impliquent, peu ou prou, des sacrifices à effectuer dans le présent pour assurer un régime de retraite équitable qui maintienne la solidarité entre les générations dans le futur. Si l'on s'accorde sur cette perspective, le débat peut alors porter sur la répartition de l'effort demandé en tenant compte des inégalités sociales et, plus précisément, des catégories les plus défavorisées. De ce point de vue, le plan Fillon aurait été plus convaincant s'il s'était d'emblée accompagné de mesures concrètes amenant le Medef à mettre fin aux pratiques massives de mise en préretraite et à s'engager clairement sur l'emploi des plus de cinquante ans. Mais du côté des salariés en grève, l'affirmation selon laquelle la défense des retraites du secteur public correspondrait au principe de solidarité manque, pour le moins, de crédibilité. Les causes du blocage sont à rechercher plus près des réalités, celles d'une dégradation du rapport au travail et de la montée d'un repli individualiste. L'importance accordée au temps libre et à la retraite fait apparaître en contrepoint la dévalorisation du travail dans la société, et l'on peut regretter que ces deux problèmes n'aient pas été abordés de front. Deux facteurs de nature différente, agissant conjointement, semblent être au cœur de cette dévalorisation : la dégradation de l'implication et des rapports de travail, dégradation due aux conditions objectives et subjectives dans lesquelles cette activité s'exerce depuis vingt ans ; la valorisation sociale du hors-travail, liée à une évolution historique des sociétés développées aboutissant à un changement des mentalités, de la hiérarchie des valeurs individuelles et sociales.

## La déshumanisation du travail

Depuis vingt ans, on essaie par de multiples manières de «donner du sens» au travail par le biais d'une injonction managériale aux «valeurs» et d'outils divers qui entendent motiver et mobiliser la «ressource humaine», sans pour autant changer les choses. On a eu ainsi tendance à oublier les éléments «matérialistes» de cette «motivation» : toute activité n'étant pas nécessairement créatrice et n'impliquant pas le même type d'intérêt et de compétences, les conditions de travail, la rémunération, la possibilité de progresser professionnellement… sont des facteurs importants de l'intérêt au travail. Ils ne sont pas cependant les seuls en cause. La question du sens du travail a été largement posée en termes idéologiques et psychologiques qui font fi de la dimension anthropologique ou la considèrent comme une simple matière amorphe qu'on pourrait transformer à loisir. La reconnaissance et le respect de cette dimension sont une condition de l'intérêt au travail. Or, c'est cette dimension dont il s'agit de tenir compte si l'on entend comprendre la dégradation du travail. L'activité de travail est encadrée et normée, en même temps qu'elle est composée de multiples aléas et d'arrangements informels avec les normes prescrites. Le «travail prescrit» ne correspond jamais entièrement au «travail réel» et, au sein de ce dernier, les salariés se constituent leur propre zone d'autonomie et d'initiative. Dans les entreprises, il existe une «manière spécifique de gérer et de travailler ensemble», qui n'a pas besoin d'être fixée par la direction. À conditions égales, un autre élément clé, étroitement lié au premier, réside dans la qualité des rapports de coopération et des rapports hiérarchiques dans le quotidien de l'activité. Dans ce cadre, l'entraide entre collègues, la reconnaissance de la quantité et de la qualité du travail accompli par sa hiérarchie, ses collègues, mais aussi les usagers et les clients sont décisifs.

Ces rapports humains dans le travail débordent enfin la stricte activité professionnelle. Même si les choses ont évolué depuis des années, les ateliers et les bureaux demeurent des lieux de libre sociabilité. L'activité de travail est entrecoupée de pauses et de moments de convivialité : on prend du temps pour boire un café, on peut trinquer lors d'événements comme les naissances, les mariages, les anniversaires, les départs... Les discussions sur la vie non professionnelle sont également nombreuses et variées : relations familiales, éducation des enfants, vacances, santé, sport, jardinage et bricolage... Toutes ces paroles échangées et ces pratiques échappent à la logique de la production et à son encadrement. Face aux normes du travail productif, les salariés reconstituent ainsi leur propre espace de liberté et font du lieu de travail autre chose qu'un lieu contraint. Ces rapports professionnels et sociaux

déterminent ce qu'on appelle l'«ambiance», facteur
clé de l'attachement au travail, nonobstant la nature
des tâches effectuées. Poser le problème de la désimpli-
cation dans le travail aujourd'hui conduit à
s'interroger sur ce qu'il est advenu de ces dimen-
sions-là.

En l'espace d'une vingtaine d'années, les transformations opérées dans le travail en entreprise et
dans les administrations ont produit globalement
des effets importants en termes d'efficacité, de productivité et de qualité, mais elles se sont accompa-
gnées d'une dégradation des rapports de travail,
facteur décisif de l'intérêt et de l'implication des
salariés dans l'activité. Ce problème n'a pas été posé
dans le débat sur la réforme des retraites, alors qu'il
mériterait de l'être conjointement si l'on veut sortir
d'une optique purement sacrificielle qui en appelle
à des efforts répétés sans contrepartie positive. Il ne
s'agit pas ici de prétendre dresser un tableau général de la situation des entreprises et des services
publics, mais de souligner les principaux facteurs
qui rendent compte de cette dégradation, dont le
«harcèlement moral» est un des symptômes.

Dans le secteur privé, la pression s'est accrue sur
le travail en termes d'objectifs de temps, de qualité,
de coûts, dans une situation économique marquée
par le ralentissement de la croissance et l'exacerbation de la concurrence. L'intensification du travail a
comprimé les espaces de liberté, détérioré les rapports et l'ambiance de travail avec des effets de
fatigue et de stress. Dans le même temps, la pénétration massive des outils de management anglo-saxon
qui décrivent par le menu détail les tâches pres-

crites et les modèles de bon comportement est venu
bousculer une «logique de l'honneur» qui, comme
l'a fort bien souligné Philippe d'Iribarne, dicte à
chaque groupe professionnel, en France, un sens du
devoir : «Le subordonné français n'a pas besoin
qu'on lui ait fixé une responsabilité pour se sentir
responsable. Et ce terme n'a pas d'abord pour lui le
sens américain des comptes à rendre à quelqu'un
d'autre, mais met l'accent sur ce à quoi il estime
devoir veiller. [...] Chacun en prend et en laisse en
fonction de son appréciation personnelle, sans se
sentir vraiment lié par ce qui est écrit [14].» C'est cette
spécificité qui s'est trouvée remise en cause. Le
développement d'un modèle de la performance sans
faille a pareillement contribué à la dégradation des
rapports de travail. La situation économique, le
chômage de masse pèsent également sur le climat
de travail à l'intérieur des entreprises, la crainte
des suppressions d'emploi et des licenciements de
masse favorisant le repli individuel au détriment de
la solidarité. Les plans de restructuration à répétition, les mises en préretraite devenues un outil de
gestion de l'emploi ont entraîné un désinvestissement chez de nombreux cadres et salariés. Plus largement, les vagues de licenciements et la persistance
du chômage de masse ont accrédité dans la société
l'idée d'une fatalité pesant sur la production et l'emploi, tandis que les scandales financiers ont montré
à quel point la spéculation et la corruption mépri-
sent le travail humain créateur de richesses.

Bénéficiant de la garantie de l'emploi, le secteur
public, à travers les différents plans de modernisation, a été plus particulièrement marqué par la

mise à mal de sa culture propre et, plus précisément, du rapport spécifique au travail des salariés.
Au départ, ce rapport au travail était fondé sur
un pacte implicite : la sécurité de l'emploi, une
pression moindre de l'employeur, une plus grande
souplesse dans les horaires et une plus grande part
possible pour le temps libre..., ces avantages se
payant par un moindre salaire par rapport au
privé. L'écart des salaires entre secteurs public et
privé s'est réduit et l'augmentation du pouvoir
d'achat a progressé plus vite dans le public. Mais
l'écart demeure[15] : à diplôme égal et catégorie égale,
on continue d'être moins bien payé dans le public
que dans le privé, ce dernier prenant plus en compte
les compétences et les performances individuelles
en dehors des diplômes. Cet élément se trouvait
compensé par des avantages dans l'activité de travail elle-même et les conditions de la retraite. Ces
avantages n'ont pas disparu et il existe de très
grands contrastes dans l'activité selon les secteurs
et les activités. Mais en vingt ans la pression sur le
travail s'est accrue, particulièrement pour l'encadrement, réduisant les espaces d'autonomie et de
liberté. À cette pression interne s'ajoute une dégradation des relations avec les usagers dont le rapport
aux services publics fonctionne sur le modèle du
client-roi, un client qui devient facilement irascible.
　　Cette pression sur le travail n'est pas synonyme
d'efficacité, de productivité et de qualité. Elle s'est
en effet accompagnée de la pénétration massive d'une
sous-culture managériale qui déstructure le sens
commun et de multiples «boîtes à outils» sophistiquées qui compliquent souvent les choses au lieu de

les simplifier et déshumanisent les rapports de travail. La valorisation du modèle de l'entreprise privée — d'autant plus mise en avant qu'elle est concrètement méconnue —, la fascination pour les discours et les outils managériaux à la mode, existant parmi les cadres et les hiérarchies intermédiaires, ont contribué à déstabiliser les collectifs de travail et à renforcer les blocages. L'activisme managérial et communicationnel peut être inversement proportionnel à l'efficacité et aux changements effectifs. Le pacte implicite propre aux services publics a été ainsi mis à mal dans l'incohérence et la confusion. Dans des organisations qui demeurent bureaucratiques, on assiste alors à une déstabilisation en chaîne du haut en bas de la hiérarchie, une dégradation des rapports de coopération, amenant chez certains salariés une perte de l'intérêt au travail et la perspective d'en finir au plus vite pour sortir de ce climat détérioré et prendre enfin du temps pour soi.

Enfin, le rapport au travail existant dans le secteur public a été déréglé dans le même temps où les hésitations et les incohérences du pouvoir politique concernant les réformes des services publics ont brouillé les repères de l'activité. Les salariés ont le sentiment que non seulement il n'y a pas eu de réelle reconnaissance du travail effectué de la part du pouvoir politique et de leurs directions, mais que ceux-ci ont laissé se développer dans la société une critique facile des fonctionnaires, en érigeant l'entreprise privée et ses «valeurs» en modèle central de référence pour l'ensemble des activités[16]. Des efforts et des transformations ont été faits, bon gré mal gré, sans qu'existent pour autant de réelles compensations en termes de considération sociale. L'allongement de la durée de cotisation et donc du temps global passé au travail est venu heurter de plein fouet un avantage acquis constitutif du rapport au travail propre au secteur public dans une situation dégradée et remettre en question des stratégies individuelles de fuite hors du travail. Tel nous paraît être, en fin de compte, un des aspects du mouvement de révolte des salariés du secteur public largement passé sous silence.

*Dévalorisation sociale du travail*
*et nouvel individualisme*

Plus fondamentalement, la valorisation sociale du temps hors travail constitue une évolution historique qui mérite d'être interrogée du point de vue du type de rapports sociaux qu'elle peut induire. Contrairement aux affirmations optimistes et péremptoires, le temps hors travail n'est pas synonyme d'une plus grande liberté individuelle[17] et d'activités citoyennes. Il peut se traduire par un désœuvrement et / ou une suractivité dans des activités multiples de loisir organisé qui laissent pas ou peu d'espace à un temps sans contrainte de gratuité personnelle, et à une implication plus grande dans les affaires de la cité. En ce sens, la valorisation du temps libre ou de la retraite comme moment de la «vraie vie» — idée qui fait partie du nouvel air du temps — peut apparaître comme une fuite et une compensation face à la dégradation du travail, en même temps qu'une perte de tout espoir de pouvoir y changer quoi que ce soit. On peut ainsi s'interroger sur la nature d'une vie individuelle et sociale centrée sur cette perspective et la part de mystification qu'elle comporte.

Cette interrogation a été au cœur du débat sur la «civilisation du loisir» au tournant des années 1960, mené par la revue *Esprit*[18] et le sociologue Joffre Dumazedier, dirigeant du mouvement Peuple et Culture. L'importance accordée au travail, l'analyse des classes et la vision d'une histoire en marche vers toujours plus d'émancipation se sont trouvées confrontées à l'«altérité» que représentent les loisirs modernes et la nouvelle figure de l'individu dont ils sont porteurs. Le courant humaniste modernisateur de l'après-guerre s'est trouvé déstabilisé par ce nouveau défi.

La conception du loisir dominante depuis le XIXᵉ siècle reliait mécaniquement le temps libre au travail en le considérant comme un repos nécessaire à la reproduction de la force de travail, ou encore elle l'envisageait sous l'angle de l'éducation populaire et des activités citoyennes. Le loisir apparaissait ainsi comme une conquête du mouvement ouvrier et il était lié à la lutte pour la diminution de la durée du travail et aux acquis des congés payés de 1936. Le développement des loisirs après la Seconde Guerre mondiale déborde cette interprétation et ouvre de nouvelles interrogations. Il ne peut plus être considéré comme un épiphénomène et il vient bousculer la problématique antérieure. Les loisirs traditionnels s'enracinaient dans une expérience professionnelle et sociale. Les loisirs modernes de

masse sont dissociés de cette expérience et la signification du temps libre a changé. Le déclin de la
culture ouvrière au profit du développement d'une
culture de masse accompagne ce phénomène. Le
loisir moderne laisse entrevoir une «nouvelle morale
du bonheur», selon l'expression de Dumazedier,
marquée du sceau de l'ambiguïté. Les individus qui
s'enferment dans les activités de bricolage et de jardinage sont des «citoyens indifférents aux questions
culturelles et sociales». Les activités nouvelles (jeux,
vacances, intérêt pour les sports...) manifestent le
besoin d'une vie dégagée de toute obligation. C'est
un nouveau rapport à la vie en société marqué par
les valeurs de bonheur et d'épanouissement individuel qui s'est installé.

Si ces valeurs marquent une évolution historique
et ne sont pas en soi condamnables, on n'en tient
pas moins alors à les interroger : «Dans le contexte
de nos sociétés libérales, écrit Dumazedier, on
peut craindre que ce nouvel *Homo socius* ne considère sa participation aux groupements de loisir
comme sa participation essentielle, voire exclusive
à la vie en société[19].» La question est alors directement posée : «Le loisir serait-il le nouvel opium du
peuple ? Que deviendrait, dans ces conditions, la
réalisation de la démocratie, si les démocrates sont
endormis[20] ?» Et la question posée par Jean-Marie
Domenach en 1959 n'a pas perdu de son acuité :
«Le citoyen des sociétés industrielles s'impose les
contraintes exténuantes du travail mécanisé et
reporte sur le loisir son vœu de liberté ; mais peut-on
être ainsi pour partie esclave et pour partie homme
libre ? [...] Est-ce possible de cumuler ainsi les qua-

lités les plus contraires? Est-il possible de substituer, selon les heures, une personnalité à l'autre[21]?» Ne sommes-nous pas précisément arrivés aujourd'hui à un moment de déséquilibre où cette aspiration légitime au bonheur individuel qui s'investit dans le loisir mène à l'impasse?

Le temps «libre» est en fait fort occupé par de multiples activités contraignantes, il se vit en dehors de la politique et de l'histoire, dans l'oubli du passé et du souci de l'avenir. Et, par une sorte de renversement, le travail peut être secondarisé, vécu comme le moyen d'accéder à ce temps libre largement fantasmé. Que les activités productives ne puissent être considérées comme le seul fondement du lien social ne saurait pour autant faire oublier que le travail demeure une activité par laquelle les individus sont amenés à se forger une identité sociale, à entrer dans des rapports sociaux et à s'inscrire dans la collectivité. Prétendre qu'on pourrait facilement s'en passer au profit d'un temps consacré à son «épanouissement» personnel, c'est faire fi de l'importance que le travail revêt pour la structuration individuelle et sociale. Dans le rapport au travail, on ne saurait nier les différences d'intérêts des classes sociales et leur culture spécifique. Il peut paraître louable de vouloir préconiser le développement des activités citoyennes, de loisir et de culture face à la «valeur travail», mais encore s'agit-il de ne pas ériger ce qui apparaît comme un mode de vie valorisé par les couches moyennes supérieures en modèle hégémonique, reproductible comme tel par toutes les couches de la société. Ce mode de vie apparaît, du reste, largement imaginaire quand on examine le

surinvestissement de nombreux cadres dans leur
activité. Et la plupart de ceux qui ne cessent de préconiser ces nobles activités sont souvent eux-mêmes
des individus perpétuellement débordés et stressés,
accordant une place centrale dans leur vie à leur
carrière. Décréter la fin du travail, c'est développer
une utopie stérile qui favorise le développement du
désarroi dans les milieux ouvriers et populaires.

Ce n'est pas seulement toute une morale du travail fondatrice des valeurs de la gauche qui se trouve
en question, mais une façon de vivre ensemble qui
valorise l'effort, l'affrontement au réel et, conjointement, les valeurs de solidarité et d'engagement,
valeurs qui ont été aux fondements de la République.
Il ne s'agit pas d'en revenir à une morale pénitentielle du travail ou, à l'inverse, à la transfiguration
du travail en acte nécessairement créateur, mais de
mettre en question la scission et le déséquilibre qui
se sont instaurés entre travail et temps «libre». Une
telle scission et une telle valorisation du temps libre
ne sont guère favorables à la confrontation avec la
réalité ni avec le développement des valeurs de responsabilité qui font une société citoyenne. Par un de
ces paradoxes dont l'histoire a le secret, la gauche
risque d'apparaître comme le promoteur de cette
nouvelle situation alors que son identité et son histoire se sont construites sur les valeurs de travail et
de citoyenneté active.

## Quelle adaptation ?

Le monde change et ceux qui ont la responsabilité des affaires publiques se doivent de prendre en compte les évolutions. Mais l'adaptation nécessaire, qu'elle soit menée par un gouvernement de gauche ou de droite, paraît toujours suspendue à deux questions : pour quoi faire, pour aller où ? (quel avenir pour le pays ?), et comment faire ? (quelle concertation et quel management ?). Faute d'apporter des réponses claires, cohérentes et pratiques à ces questions, la réforme devient synonyme de changement pour le changement dans une optique managériale et sacrificielle qui renforce les blocages et les replis corporatistes. Le changement est érigé paradoxalement en norme et rejoint la vision d'un monde soumis aux lois débridées du marché.

Ce n'est pas la nécessité des réformes qui est en question, mais le fait que le pays a la plus grande difficulté à savoir où il va. Le rappel constant des évolutions dans tous les domaines allié à un point de vue gestionnaire et comptable ne constitue pas une vision d'avenir. En poussant à la limite (mais peut-être pas tant que ça) : ou l'on considère que la politique peut désormais se passer d'une telle vision — qu'elle est devenue en quelque sorte «postmoderne » —, ou bien l'on estime que la dimension historique demeure essentielle, qu'elle donne du sens à la politique en permettant à un peuple de s'y retrouver. C'est cette réinsertion de la politique française dans l'histoire et dans le monde d'aujourd'hui qui, à droite comme à gauche, apparaît problématique. Si

les différences sur les questions économiques et
sociales sont bien réelles, la gauche s'est heurtée
aux mêmes difficultés lorsqu'elle était au pouvoir.
La façon nouvelle et déconcertante de gouverner
n'est pas propre à un camp politique.

Cette difficulté se double de la dégradation du
rapport entre gouvernants et gouvernés, du fossé
qui s'est creusé entre dirigeants et dirigés dans les
différentes sphères d'activité. Il ne s'agit pas, là non
plus, d'une difficulté conjoncturelle, mais d'une
évolution qui met en jeu l'ethos commun. Celui-ci
reposait sur une culture et des expériences humaines
et professionnelles qui pouvaient être partagées. Les
contradictions et les conflits pouvaient être durs,
violents, mais on n'en parlait pas moins un langage
commun. Qu'en est-il aujourd'hui ?

Nombre de responsables et de cadres dans les institutions et les entreprises vivent dans un monde
autocentré hyperactif, en décalage avec les mentalités communes, incapables de comprendre réellement
qu'existent dans la société d'autres univers et préoccupations que les leurs. Le manque de « charisme »
de certains responsables politiques, l'impression de
cynisme et de mépris qui émanent de leur façon
d'être et de parler ne sont pas une simple affaire de
manque de « communication » ou de « pédagogie »,
mais renvoient plus fondamentalement à un cloisonnement social, à une difficulté à sortir de son
propre univers mental et social. Loin de se rapprocher du peuple, la recherche à tout prix de la
visibilité médiatique, les petites phrases de la « communication », le mélange des genres entre vie privée
et vie publique... contribuent un peu plus à désym-

boliser et à discréditer les institutions. La droite comme le PS n'échappent pas à ce phénomène. D'où l'impression de perpétuel décalage et de fossé entre la société et une sorte de nomenklatura politique et médiatique vivant dans un monde en dehors des préoccupations communes. L'état du rapport gouvernant-gouvernés s'est ainsi dégradé, offrant un terrain favorable au populisme et à la démagogie.

La promotion sociale se trouve elle-même pervertie par le développement de l'éclectisme et de la confusion «psychosociopédagogique» et managériale qui déstructure le langage, dévalorise la culture et l'expérience commune. Cette situation amène, à l'inverse des idéaux premiers de l'école républicaine et de l'éducation populaire, à former des élites coupées du peuple. L'autre face de cette dégradation est constituée par la montée d'une posture individualiste de la victime ayant des «droits à», posture entretenue par le néogauchisme. Les individus ont tendance à soupçonner d'emblée chez ceux qui les dirigent une volonté masquée de les manipuler, tout en exigeant d'eux qu'ils répondent au plus vite à leurs besoins et les protègent, ce qui rend l'exercice de toute responsabilité particulièrement difficile.

Pour comprendre les réformes et pouvoir se prononcer, les citoyens ont besoin que les choix proposés soient à la fois clairs, cohérents, et qu'ils s'inscrivent dans une vision globale de l'avenir du pays, de l'Europe et du monde. On ne peut prétendre maintenir indéfiniment une société dans un état supposé de mobilisation pour la réforme et ce, dans une logique sacrificielle qui reporte dans un avenir de plus en plus incertain les fruits supposés des efforts demandés. L'histoire ne se répète pas et l'on voit mal se remettre en place les différents facteurs qui confèrent aux Trente Glorieuses ses traits d'exception. Pour autant, la question des bénéfices concrets qui peuvent être tirés des réformes demeure. Les citoyens ne peuvent être renvoyés à une hypothétique reprise de la croissance et le développement de l'emploi ; l'augmentation des plus bas salaires ne signifie pas mécaniquement une revalorisation du travail. Celle-ci implique un changement dans les conditions, l'organisation et l'encadrement du travail, mais aussi une reconsidération de la hiérarchie des valeurs de la société afin de parvenir à un nouvel équilibre entre temps de travail et temps hors travail. En fin de compte, c'est cette reconsidération qui est peut-être le plus difficile parce qu'elle renvoie à une évolution historique dont on ne peut prétendre se rendre maître. Mais encore s'agit-il d'en éclairer les enjeux pour choisir de façon lucide dans quelle société nous voulons vivre.

# CHAPITRE IV

# LE NOUVEAU
# «FOSSÉ DES GÉNÉRATIONS»

## De Mai 68 au mouvement anti-CPE*

À quelques mois d'intervalle, la France a connu deux mouvements de révolte de nature différente: la mort de deux jeunes à Clichy-sous-Bois a été l'événement déclenchant des nuits de violence et de destruction menées par des bandes de jeunes des banlieues; l'instauration du Contrat première embauche par le gouvernement a suscité une mobilisation des étudiants et lycéens soutenus par les organisations syndicales. Au-delà des différences entre ces révoltes, on n'a pas manqué de les relier à la dégradation des conditions économiques et sociales et avant tout aux difficultés que rencontre aujourd'hui la jeunesse en matière d'emploi. Le chômage atteint aujourd'hui 25 % de la classe d'âge des quinze-vingt-cinq ans[1], touchant particulièrement les jeunes non diplômés. Ceux qui ont suivi des études plus longues ne sont pas non plus épargnés: le temps d'attente pour avoir un emploi s'est allongé, les emplois précaires et l'intérim se sont développés, et il existe souvent un décalage

* *Le Débat*, n° 141, septembre-octobre 2006.

entre l'emploi occupé et la formation suivie. À l'insécurité économique en matière d'emplois s'ajoute le coût prohibitif du logement. Autant de réalités auxquelles se trouvent confrontés les jeunes d'aujourd'hui, rendant plus difficile l'acquisition d'une autonomie. Ces réalités ont de quoi susciter un sentiment d'injustice et encourager l'idée que la société et les institutions se désintéressent du sort des nouvelles générations. Dans le domaine de l'emploi, la situation des générations qui ont grandi dans le contexte du chômage de masse apparaît d'emblée régressive par rapport à celles de leurs parents et de leurs grands-parents formés et employés pendant la période d'expansion des Trente Glorieuses. Mais peut-on pour autant parler de «génération sacrifiée» ou d'injustice par rapport aux baby-boomers?

L'explication des révoltes par les conditions économiques et sociales ne suffit pas à rendre compte du malaise et de la frustration des nouvelles générations que ces mouvements expriment. On n'a pas manqué, du reste, de comparer ces derniers à des périodes historiques passées, celles du monde ouvrier ou / et mai-juin 68, comme pour mieux en atténuer les aspects nouveaux. Les schémas dominants de la pensée sociologique d'aujourd'hui ramènent peu ou prou tout phénomène à son «infrastructure» économique et sociale en considérant de la sorte que le débat est clos. Mais l'insécurité économique n'explique pas tout. Il existe une fragilité existentielle, une mentalité et des comportements qui nécessitent de s'interroger sur ce qu'il est advenu de la transmission entre les générations. La conjugaison d'une crise culturelle et du chômage de masse a, entre autres, creusé le «fossé générationnel», un phénomène dont nous commençons à percevoir les effets. Les violences dans les banlieues et le mouvement anti-CPE en sont des manifestations significatives.

QUELLE «RÉVOLTE DES BANLIEUES»?

Attaquer les pompiers, brûler la voiture de son voisin ou tuer ce dernier comme par inadvertance — «sans le faire exprès», disent certains —, incendier des magasins, des écoles, des gymnases du quartier où l'on habite, arrêter des bus pour y déverser de l'essence et y mettre le feu devant des passagers affolés, de tels actes sauvages cadrent mal avec les conflits de classes traditionnels dans lesquels nombre de militants et de commentateurs veulent à tout prix faire entrer la «révolte des banlieues». Les schémas préconçus jouent le rôle de déni et de réconfort face à une réalité dérangeante : les événements des banlieues relèvent moins de la pauvreté et de la misère telles qu'on a pu les connaître dans le passé que de phénomènes de déstructurations identitaires qu'on a le plus grand mal à aborder.

L'histoire de la France a vu d'autres périodes de chômage de masse, comme dans les années 1930, sans qu'on assiste pour autant à de pareils phénomènes de destruction. Les chômeurs de l'époque ne s'attaquaient pas, que l'on sache, aux organismes qui pouvaient les aider, comme l'ont fait ces bandes en détruisant des écoles, des gymnases, des centres sociaux, des bus. Si l'on tient à la comparaison historique, il faudrait poser la question : a-t-on jamais vu les chômeurs des années 1930 s'attaquer à la « soupe populaire » ? La formule attribuée aux classes dominantes de l'ère industrielle : « Classes laborieuses, classes dangereuses », a été reprise par des militants et des journalistes pour expliquer ce qu'ils dénomment la « stigmatisation » des banlieues. Mais les jeunes des banlieues en révolte ne travaillent pas et ne forment pas une classe. S'il fallait tenter des comparaisons historiques, la notion de *lumpenproletariat* serait plus proche de la réalité. Mais, là aussi, les différences sont manifestes. L'univers de ces jeunes n'est pas comparable au paupérisme du XIXe siècle. Il existe des mécanismes d'assistance sociale liés à l'État-providence qui, s'ils ne transforment pas fondamentalement les conditions de vie, en atténuent la dureté. Les jeunes casseurs ne sont guère en haillons[2], ils sont fascinés par tous les signes du *look* branché et agissent souvent par mimétisme télévisuel. Que ces jeunes soient minoritaires n'enlève rien à une réalité que certains se refusent toujours à voir par angélisme ou idéologie. Pour la comprendre, il importe de prendre en compte ce que les éducateurs, les enseignants, les psychiatres observent depuis des années.

Il existe un phénomène de bandes constituées de jeunes adolescents et de post-adolescents en situation d'échec et désocialisés, animés par le ressentiment et la haine à l'égard de la société et des institutions. Les conditions de chômage et de ghetto urbain se combinent avec une déliquescence des liens familiaux, pudiquement dénommée « famille monoparentale » : le plus souvent absence du père, la mère subsistant tant bien que mal avec les revenus de l'aide sociale et étant la plupart du temps loin du foyer lorsqu'elle travaille. Dans les familles issues de l'immigration, cette situation peut être aggravée par une inadaptation des parents à la culture française, entraînant une désorientation des jeunes qui, coincés entre deux cultures, peuvent « errer sans repère dans une sorte de *no man's land* anthropologique[3] ».

Le sentiment d'appartenance de ces jeunes se limite souvent à leur quartier ou à leur immeuble. Certains se réfugient dans des bandes machistes où les rapports de force dominent avec les phénomènes de caïds et s'enferment dans une sous-culture de la délinquance et du ghetto. Ces jeunes minoritaires sont déstructurés et désœuvrés ; ils ont perdu l'estime d'eux-mêmes et le sens du réel. Leur langage colle aux affects et aux pulsions ; ils ne mesurent pas la portée de leurs actes et ils ignorent souvent le sentiment de culpabilité. Ces jeunes ont une image dépréciative d'eux-mêmes qui peut se retourner en agression. Lors des nuits de violence, ils sont entrés dans une logique de destruction et d'autodestruction en s'attaquant aux quartiers où ils habitent. Fascinés par les clichés de la réussite et de l'argent, ils vivent dans un univers où l'image est maîtresse. Nombre d'animateurs, d'éducateurs sociaux, mais aussi d'enseignants se trouvent désemparés devant de tels individus perpétuellement agités, aux comportements asociaux et immaîtrisables.

Face à cette réalité, il n'existe pas de remèdes simples et aux effets immédiats. La puissance publique ne peut pas se substituer complètement aux familles et les aides psychologiques et sociales ne peuvent pas tout. Le problème n'est pas seulement à poser dans des termes étroitement sociologiques et psychologiques, mais implique d'aborder la question de ce qu'il est advenu de l'ethos commun. Les violences des bandes de jeunes des banlieues révèlent de façon paroxystique une désaffiliation due à l'érosion des appartenances qui inscrivaient l'individu dans une collectivité et le structuraient « de-l'intérieur » : famille, collectivité de travail, classes sociales, appartenance nationale… Autant d'éléments qui sont aujourd'hui érodés ou en crise et qui, contrairement aux discours angéliques « post-modernes », sont constitutifs des identités individuelles et collectives.

### QUEL « DROIT À L'EMPLOI »
### POUR LA JEUNESSE SCOLARISÉE ?

Alors que le CPE entendait avant tout créer des conditions d'emploi plus favorables pour les jeunes peu scolarisés et en difficulté, ce sont les jeunes scolarisés des lycées et des universités qui se sont aussitôt mobilisés massivement pour son retrait. Ces derniers ne sont pourtant pas concernés de la même manière par l'emploi. D'une façon générale, plus les études sont longues, plus les chances de trouver un emploi sont grandes, même si la période d'attente est plus importante qu'auparavant, réalité au demeurant valable aujourd'hui pour tous les demandeurs d'emploi.

La révolte de ces jeunes ne manque pas cependant de raisons : l'absence de motif de licenciement, élément nouveau qui remet en question un principe fondamental du droit du travail, fut vécue par une majorité de jeunes comme une atteinte à leur dignité. Mais cet élément, pour important qu'il soit, ne suffit pas à rendre compte de la nature de ce mouvement. Au-delà même de la façon dont le CPE a été élaboré et mis en avant, ce refus comporte un déni de la réalité à laquelle cette jeunesse se trouve confrontée. Des slogans comme «CPE = Comment Perdre son Emploi»), alors qu'on n'en a pas, ou encore «CPE non, non, non! CDI oui, oui, oui!» sont révélateurs d'une méconnaissance des conditions actuelles de l'emploi. Faut-il rappeler qu'un CDI suppose toujours une période d'essai d'un à six mois selon le niveau de la fonction occupée et que, dans la fonction publique — secteur qui semble aujourd'hui particulièrement prisé par une partie des jeunes —, l'équivalent de la période d'essai est un stage d'un an au terme duquel l'agent peut être, en droit, licencié? Plus fondamentalement existe une méconnaissance de l'importance de l'acquisition d'une expérience professionnelle et de la formation en situation, éléments incontournables pour tout travail en entreprise ou dans l'administration. C'est en fait l'idée d'une évaluation

par la pratique effective menée par des professionnels et non pas seulement par le diplôme délivré
par l'Éducation nationale qui est en question.

Cette méconnaissance des conditions d'emploi
s'accompagne chez les jeunes manifestants d'une
vision noire de l'entreprise, appréhendée comme le
lieu d'une exploitation et d'une oppression éhon-
tées, en niant les contraintes fonctionnelles propres
à la production et les rapports de coopération qui
se nouent dans le travail. Il est vrai que les plans de
restructuration, les fermetures d'entreprises par des
«patrons voyous», les salaires et les stocks options
mirobolants de P.-D.G. contribuent grandement à
cette vision dépréciative. Mais à écouter nombre de
mots d'ordre et de slogans du mouvement anti-
CPE, nulle réconciliation de la jeunesse ne paraît
vraiment possible avec les entreprises privées, sauf
à les aligner sur une vision largement mythifiée des
conditions du service public. Ce dernier étant du
reste considéré comme de plus en plus soumis à la
logique du privé, on mesure l'impasse dans laquelle
nombre de jeunes ont le sentiment d'être conduits.

Au sein de la jeunesse étudiante, sélection et adaptation sont d'emblée rejetées parce que synonymes
de répression et d'intérêt patronal, tandis qu'existe
en contrepoint l'idée d'un droit correspondant aux
aspirations individuelles des jeunes en dehors des
besoins effectifs de l'économie générale de la société.
Il faut dire que nombre de responsables éducatifs et
d'hommes politiques se sont bien gardés de contre-
dire de telles idées, quand ils ne les ont pas de fait
encouragées. Dans ce domaine, l'objectif de 80 %
d'une classe d'âge au niveau du baccalauréat pour

l'an 2000 lancé en 1985 par le gouvernement de gauche de l'époque a constitué un tournant. Par-delà ses bonnes intentions, il a produit des effets pervers et contribué à renforcer un peu plus les illusions. Le secondaire débouchant sur le bac et les études supérieures va être considéré comme la voie unique de l'excellence et s'accompagner de l'idée d'un «droit à la réussite», portée par les associations de parents d'élèves, les syndicats enseignants, lycéens et étudiants : «Nous avons une grande ambition : que le système scolaire soit d'abord au service des enfants et des jeunes et qu'il permette la réussite de tous[4].»

De telles orientations vont aboutir à une double impasse et frustration dont nous continuons de subir les effets aujourd'hui. Les diplômes professionnels de type CAP et BEP vont se trouver dévalorisés et le ressentiment envers la société et l'État va s'accentuer chez les jeunes défavorisés qui ne parviennent pas à suivre des études prolongées jusqu'au bac. Les jeunes qui ont réussi à passer le bac (en 2002 78,6 % des élèves de terminale) vont pouvoir, quant à eux, se diriger massivement vers le premier cycle universitaire en s'inscrivant dans les disciplines de leur choix sans se soucier outre mesure des débouchés professionnels. Les humanités (lettres, sciences humaines et sociales) accueillent le plus grand nombre d'inscrits alors que ce sont elles qui connaissent le plus de difficultés en termes de débouchés professionnels. Les deux premières années universitaires aboutissent pour nombre de jeunes à une sélection par l'échec : «En moyenne, toutes disciplines confondues, 47 % des étudiants qui s'inscrivent dans une université passent au bout d'un an en deuxième année ; 30 % redoublent. Les autres se réorientent ou abandonnent ; on ne sait pas trop ce qu'ils deviennent[5]. » Les étudiants des deux premières années des filières générales étaient fortement présents dans le mouvement anti-CPE. La dévalorisation des diplômes, le fait de devoir à terme occuper un emploi sans rapport avec sa formation entraînent là aussi frustration et ressentiment, ce qui a toujours constitué un terrain propice aux idées d'extrême gauche.

Les différents projets de réforme posant la nécessité d'une sélection à l'université (plan Fouchet en 1967, projet de loi Devaquet en 1986) ou ceux s'attaquant au problème récurrent de l'emploi professionnel des jeunes (Contrat d'insertion professionnelle du gouvernement Balladur en 1993 et CPE en 2006) se sont toujours heurtés à de forts mouvements de révolte de la jeunesse étudiante devant lesquels les pouvoirs ont toujours fini par céder. Il paraît désormais urgent d'arrêter la fuite en avant en osant aborder la question de la sélection et d'une orientation qui prenne en compte la réalité des débouchés professionnels selon les filières.

### DEUX FIGURES DIFFÉRENTES
### DE LA JEUNESSE

Avec la mobilisation anti-CPE et l'occupation des facultés, Mai 68 n'a pas manqué d'être invoqué à titre de référence de la révolte de la jeunesse ou, au contraire, pour en souligner le caractère aujourd'hui dépassé. Quand on compare les situations et les thèmes de la contestation de l'époque, les différences apparaissent d'abord nettement. La contestation étudiante était dynamique et optimiste, quelles que soient ses folies et ses irresponsabilités. L'exigence d'une liberté absolue sans référent et sans ancrage liée à l'idée de table rase a été brandie par la révolte d'une génération d'« enfants gâtés » (comparée aux générations antérieures), élevés dans le contexte du développement du plein-emploi, de la consommation et sous la protection de l'État-providence. Tel n'est pas le moindre des paradoxes : dans son extrémisme même et sa coupure avec le réel, le mouvement contestataire de l'époque portait la marque de la dynamique d'expansion des Trente Glorieuses qui permettait à la jeunesse étudiante de vivre dans une relative insouciance. Orphelins d'épopée dans la nouvelle « société de consommation », les jeunes militants de l'époque ont vécu ces années contestataires sur le mode d'un imaginaire où le thème de la révolution faisait écho à une révolte de la jeunesse en rupture avec le « vieux monde », mouvement qui s'affirmait alors dans de nombreux pays.

Les successeurs des baby-boomers vont vivre dans une période bien différente, où la montée du chômage de masse s'accompagne de la fin des utopies. Dans un monde désabusé où l'emploi devient une préoccupation centrale, le réalisme cynique semble dominer. Chacun est ainsi amené à « gérer » son image, ses compétences et sa carrière selon une logique d'instrumentalisation généralisée des rapports sociaux et de projet personnel pour survivre dans une société dépourvue d'avenir. Auto-évaluation et performance dès le plus jeune âge font partie de cette nouvelle situation sociale et historique où il importe pour chacun de défendre et de valoriser son moi pour s'en sortir au mieux dans une société où l'insouciance et la gratuité ne sont plus de mise. C'est précisément dans cette nouvelle période historique que la gauche est arrivée au pouvoir et que le parti socialiste a vu ses rangs se grossir de jeunes militants qui peuvent vite quitter le statut d'étudiant pour faire carrière en politique.

La différence saute aux yeux quand on compare les images des *leaders* de Mai 68 : Jacques Sauvageot, Daniel Cohn-Bendit et Alain Geismar, avec ceux du mouvement anti-CPE. Les premiers paraissent passionnés et ravis, échevelés au milieu d'une tempête, ayant le sentiment de participer à un moment historique, d'être portés par un mouvement annonçant un monde nouveau dont personne n'est en mesure de dessiner les traits. Les seconds s'affirment volontiers comme les représentants légitimes de la jeunesse scolarisée, élus syndicalement ou dans les assemblées générales. Avec leur visage lisse et leurs réponses toutes faites, ils ont des allures de petits bureaucrates déjà bien rodés à l'utilisation des médias, sachant précisément ce qu'ils veulent et faisant valoir leurs droits. En poussant à l'extrême, on pourrait dire que nous sommes passés de l'utopie joyeuse d'une autre société à celle plus crispée d'un CDI pour tous. Dans les deux cas, il y a une irresponsabilité et une impasse, mais leur tonalité et leur contenu ne sont pas les mêmes.

Il est enfin un autre trait qui distingue clairement le contestataire de Mai 68 du manifestant anti-CPE : tandis que le premier a tendance à considérer les responsables syndicaux comme d'infâmes bureaucrates, s'en prend aux «vieilles barbes» et considère volontiers que «toute relation de dépendance est une négation de l'autonomie[6]», le second est volontiers accompagné par des responsables syndicaux et des parents qui semblent revivre temporairement une nouvelle jeunesse. On peut mesurer le fossé qui sépare ces deux types de jeunes à la lecture d'un texte des «Lycéens en lutte d'Arras», repris et diffusé par des syndicats dans les manifestations. Ce texte se présente sous la forme d'une lettre adressée à ses parents : «Chère Maman, cher Papa. Depuis quelques semaines, avec un grand nombre de mes copains et copines, mais aussi avec d'autres jeunes des autres lycées, je demande le retrait du CPE...» Il s'ensuit une explication des causes de ce combat sur un ton quelque peu infantile qui masque mal un solide argumentaire contre le CPE similaire en fait à celui des syndicats. Le plus marquant en l'affaire réside dans la volonté de montrer à tout prix à ses parents qu'en luttant contre le CPE c'est aussi pour eux qu'on lutte, tout en leur demandant de continuer à subvenir à ses besoins : «Dans ce cas, vous comprendrez que je serai encore à la maison pendant quelques années, et j'espère que vous accepterez de m'accueillir même si cela n'était pas prévu. De même si je veux acheter une voiture, il faudra que vous vous portiez caution et de payer les traites du crédit si je suis licencié-e même si le motif est intolérable et "bidon". Pourtant les fins de mois sont difficiles et les factures de plus en plus lourdes.» Pour ces jeunes, il va naturellement de soi qu'après le CPE le pouvoir va s'attaquer à tout le monde en remettant en question la totalité du Code du travail et des statuts : «La lutte que je mène aujourd'hui, c'est pour toi maman et pour toi papa, et peut-être que vous ne le saviez pas. La jeunesse a montré l'exemple de son courage et de sa détermination, pourquoi pas vous ?» En Mai 68, un tel appel aurait provoqué à n'en pas douter l'hilarité des contestataires qui entendaient précisément rompre avec leurs familles, mais aujourd'hui ces derniers ont de quoi s'interroger : pourquoi leurs propres enfants qu'ils n'ont cessé de vouloir «autonomes» paraissent-ils si «cucus» et infantiles ? Le chômage n'explique pas tout.

## MAI 68 : LE MOULE PREMIER
### DE LA RÉVOLTE

Ces différences essentielles — du point de vue du contexte, du contenu et de la mentalité des acteurs — relèguent Mai 68 dans le passé. Mais il n'en existe pas moins des traits communs entre les deux situations. Dans les années 1960, on assiste à une forte poussée démographique des générations d'après-guerre. Les études secondaires, le bac et l'accès à l'université concernent des jeunes de plus en plus nombreux : la massification de l'enseignement devient une réalité. En dix ans, de 1958 à 1968, les effectifs étudiants vont plus que doubler, passant de 200 000 à plus de 500 000. Cette massification peut paraître faible par rapport à celle d'aujourd'hui (plus de 1 300 000 étudiants), mais elle n'en crée pas moins des problèmes nouveaux qui font l'objet de nombreux articles et colloques. Ces derniers soulignent tous la nécessité de réformes urgentes : «Si ce pays ne règle pas, par un choix raisonné, la croissance de son Université, écrit le philosophe Paul Ricœur en 1964, il subira l'explosion scolaire comme un cataclysme national[7]. »

Les méthodes traditionnelles de l'enseignement universitaire, les rapports entre enseignants et étudiants sont de plus en plus anonymes : «Quand je faisais mes cours, déclare alors un enseignant, j'essayais de voir les têtes, malheureusement, vous voyez ce que c'est 1 500 personnes dans un amphi… Des gens qui entrent et qui sortent, qui se donnent rendez-vous, qui lisent les journaux[8]. » Il existe de plus une crise relative des débouchés professionnels, tout particulièrement dans les facultés de lettres, où les étudiants sont les plus nombreux. Les travaux du Commissariat au plan soulignent le manque général de techniciens et de cadres supérieurs dans tous les domaines, et l'Université semble avoir quelques difficultés pour répondre à ces besoins de l'économie. L'idée même de passerelles entre l'Université et l'entreprise suscite en fait de fortes résistances. En 1963, une circulaire adressée à 6 500 étudiants licenciés en lettres leur propose de se spécialiser dans les sciences humaines appliquées, et d'effectuer un stage en entreprise avec comme

débouché un poste de cadre: il n'y a que 52 réponses et 43 candidatures sont retenues[9].

L'entreprise, l'enseignement professionnel et l'université sont des univers qui demeurent étrangers
l'un à l'autre, et les nouveaux départements de
sciences humaines qui se créent sont le foyer de
la contestation qui se développe. Un texte intitulé
«Pourquoi des sociologues?[10]», écrit par des étudiants contestataires de Nanterre juste avant les
événements de Mai 68, est particulièrement révélateur du refus de ces étudiants d'être des «chiens de
garde». Il commence par un constat: «Les départements des sciences humaines sont surpeuplés
relativement aux débouchés disponibles à l'heure
actuelle et cela en tenant compte du taux d'échecs
élevé qui seront appliqués lors des examens[11]»,
pour aussitôt développer une critique de la fonction
sociale des sociologues qui «collaborent à grande
échelle avec tous les pouvoirs du monde bourgeois»,
se mettent au service des «directions d'entreprise
et de l'État qui les assiste». En Mai 68, on retrouve
dans les textes émanant des facultés des lettres
et des sciences humaines ce même type de critique:
l'Université est au service du conditionnement social
et de l'exploitation, et les examens traditionnels
sont considérés comme un élément du «mécanisme
de sélection-élimination sur lequel est basé la reproduction des couches dirigeantes[12]».

À partir de Mai 68, la jeunesse lycéenne et étudiante s'affirme comme une force avec laquelle
l'État et les partis politiques vont désormais devoir
compter. Cette «sorte de 1789 socio-juvénile» que
fut la Commune étudiante «accomplit l'irruption de

la jeunesse comme force politico-sociale »[13]. La culture libertaire et les formes d'action privilégient une «démocratie sauvage» qui prend la forme d'assemblées générales houleuses et s'affirme volontiers comme une démocratie authentique face au suffrage universel : le vrai pouvoir est dans les facultés occupées et dans la rue. Le caractère juvénile du mouvement accentue l'illusion lyrique. La parole qui s'échange directement acquiert une sorte de puissance magique qui laisse croire que parler du monde suffit pour le transformer, que le pouvoir légal s'est évanoui et que la société tout entière comprend et approuve le mouvement. L'expression «l'imagination prend le pouvoir» présente en Mai peut aussi s'entendre comme une fuite dans l'imaginaire. Les manifestations de rue passent par le rituel du face-à-face avec la police qui peut déboucher sur des violences et des exactions effectuées le plus souvent par de petits groupes marginaux. Dans une société qui a aboli les rites de passage traditionnels, «aller à la manif», déployer des banderoles et scander des slogans, faire face aux rangs de CRS et risquer charges, coups de matraque et interpellations devient une sorte d'initiation par laquelle les jeunes des couches moyennes se mettent à l'épreuve et flirtent à leur façon avec la limite, le plus souvent sous l'œil bienveillant des autorités et des responsables policiers qui veillent à éviter de trop grands débordements.

Depuis Mai 68, les différentes luttes étudiantes et lycéennes ne sont guère sorties de ce moule et le mouvement anti-CPE n'y a pas échappé. On y retrouve cette composante juvénile qui accentue la fuite en avant et l'irresponsabilité. Le mouvement n'est pas loin de se considérer comme le «grand mouvement populaire» représentant l'ensemble de la jeunesse et des couches populaires. S'y ajoutent les mots d'ordre de «démission du gouvernement» et de «grève générale», la prétention de représenter l'ensemble de la jeunesse et de la société, d'incarner la vraie légitimité en dehors du suffrage universel, idées encouragées par les extrémistes de gauche et nombre de *leaders* qui rejouent la énième version des sans-culottes dans une société démocratique du XXIᵉ siècle.

Il est enfin un élément décisif dans l'impact de l'événement dans le pays : le rôle de diffuseur et d'amplificateur joué par les médias. La priorité donnée au direct et à l'instantané avec des médias qui fonctionnent vingt-quatre heures sur vingt-quatre, la recherche du spectaculaire contribuent à démultiplier l'impact des manifestations en faisant croire que Paris et la France entière sont de nouveau paralysés et confrontés à un mouvement d'une ampleur sans précédent. Quelques mois auparavant, la répercussion médiatique des nuits de violence dans les banlieues avait pu donner l'impression à la province et à l'étranger que Paris était tout entier à feu et à sang.

Cette importance des médias, qui désormais s'intègrent intimement aux événements en leur donnant un écho et une portée dont le rapport avec la réalité ne va pas de soi, est précisément déjà à l'œuvre en Mai 68 avec les reportages en direct des radios privées : «Que la violence en Mai 68 ait été un spectacle est une évidence, écrit Maurice Grimaud, préfet de police de Paris en mai et juin 1968. La réapparition à Paris des barricades que l'on n'y avait plus vues depuis la Libération (1944) ou la Commune (1871), les détonations assourdissantes des grenades dites "défensives", les lancers de pierres et de pavés sur le service d'ordre et la riposte des grenades lacrymogènes, tout cela fascina très vite les radios et les télévisions du monde entier dont les reportages à vif et les images surréalistes convainquirent la province et le monde entier que la France était au seuil de la révolution. Cette mise en scène médiatique eut un autre effet, non prévu : elle multiplia les vocations chez beaucoup de spectateurs de ces images qui sans cela seraient tranquillement restés chez eux ou dans leurs salles de cours ou de bibliothèque. Du rôle des médias dans la contagion de la violence[14].» À la différence de mai-juin 68, les télévisions et les radios du service public se sont montrées très largement favorables au mouvement anti-CPE. Il faut dire qu'elles comptent dans leurs rangs des journalistes pour qui la distinction du fait et du commentaire n'a plus lieu d'être, et nombre d'entre eux se sont comportés comme des militants ou des sympathisants du mouvement.

Un ensemble de traits présents en Mai 68 — massification de l'enseignement, refus de l'adaptation et de la sélection, «démocratie sauvage» s'affirmant comme la légitimité authentique face au pouvoir élu, fuite dans l'imaginaire, rôle d'amplification joué par les médias... — vont ainsi se retrouver dans les mouvements de lutte de la jeunesse scolarisée que connaît le pays depuis bientôt quarante ans. Ces

éléments ne suffisent pas à caractériser l'événement
Mai 68 et n'épuisent pas, loin s'en faut, sa signification[15], mais ils ouvrent une période de contestation
nouvelle et constituent une forme première, une
structure dans laquelle vont s'insérer les mouvements de révolte avec des acteurs et des thèmes nouveaux.

### DES GÉNÉRATIONS SACRIFIÉES ?

Depuis décembre 1995, le pays voit resurgir régulièrement ce qu'on appelle un « mouvement social[16] ».
Ce mouvement combine des grèves partielles dans
les services publics et des manifestations de rue
dans un court laps de temps, sans pour autant
déboucher sur un mouvement d'ensemble et une
grève générale tels qu'on les a connus dans le passé
en 1936 et en Mai 68. La question du lien générationnel est présente au sein de ces mouvements spo-
radiques. Les grands-parents ou les parents présents
dans les manifestations ont en tête les Trente Glorieuses et supportent mal le fait de voir leurs enfants
connaître une situation plus difficile en matière
d'emploi et de retraite. Cette dernière est ressentie
comme une rupture et une régression par les parents
comme par les enfants. Le tableau dressé est des
plus sombre et s'accompagne souvent du sentiment
d'une « injustice générationnelle[17] », d'une « spoliation des jeunes par les vieux[18] ». L'idée selon laquelle
« il est préférable, pour toute la vie ultérieure,

d'avoir vingt ans en 1968, lorsque le taux de chômage dans les deux ans de la sortie des études est
de 5 %, qu'en 1994, où ce taux culmine à 33 %[19]»
semble être devenue une évidence. Une partie des
baby-boomers n'est pourtant pas épargnée par le
chômage, si l'on songe aux licenciements des
ouvriers, des employés et des cadres de cinquante
ans et plus dans nombre d'entreprises. Et, surtout,
le taux de chômage, pour important qu'il soit, n'est
pas le seul facteur à prendre en compte pour faire
valoir la situation économique et sociale d'une
tranche d'âge. Le niveau de consommation, de
confort, d'assistance, la durée globale des études
entrent aussi en ligne de compte, sans parler des
conditions matérielles de travail, de la cinquième
semaine de congés payés et de la diminution de la
durée du travail. De ce point de vue, les nouvelles
générations ne semblent pas particulièrement sacri-
fiées, bien au contraire.

La vision d'un destin noir des jeunes déborde le
problème de l'emploi et s'étend aux problèmes de la
promotion sociale et de la retraite. Pour financer les
retraites de leurs aînés, les jeunes générations
devront payer des cotisations sociales plus lourdes,
ce qui risque de grever d'autant leur salaire. La
«mobilité ascendante» ne fonctionnant plus comme
avant, la jeunesse subirait un déclassement généralisé par rapport à la position sociale des parents,
dégradation imputée avant tout à la nouvelle situation économique, voire à la responsabilité des baby-
boomers qui ne veulent pas céder la place. Ces idées
se présentent sous les auspices d'un constat sociolo-

gique et légitiment souvent la révolte des jeunes étudiants, mais elles sont largement erronées.

Il est vrai que le nombre de cadres supérieurs et dirigeants augmente aujourd'hui moins vite que dans les années 1950, mais cela renvoie avant tout à un effet de structure : la progression en nombre et en pourcentage des cadres supérieurs s'accompagne mécaniquement du fait que le nombre de jeunes issus de ces familles est beaucoup plus important aujourd'hui que dans les années 1950 et 1960. Pour les jeunes issus de ces milieux, il est donc naturellement plus difficile de connaître la même ascension sociale, d'avoir une position plus élevée que celle de leurs parents. Le schéma de l'ascension sociale selon lequel, par exemple, un fils de paysan devient instituteur et un fils d'instituteur devient cadre supérieur ne peut guère se perpétuer au-delà. Le fils du cadre supérieur peut espérer arriver à un niveau égal à celui de ses parents dans l'échelle sociale. Comme le nombre de postes de cadres supérieurs est plus important qu'à l'époque de ses parents, il dispose même d'une probabilité plus grande d'accéder à ces postes, s'il acquiert les connaissances et les compétences nécessaires. Mais monter plus haut dans l'échelle sociale devient difficile ou exceptionnel, ne serait-ce que parce que le nombre de postes au-dessus est limité. En réalité, cette situation ne concerne qu'une catégorie sociale bien particulière : les enfants des cadres supérieurs. Il est donc faux de laisser croire que l'ascenseur social ne fut en réalité que le «destin d'une seule génération» ou qu'une parenthèse alors qu'il continue de fonctionner — si on le mesure par l'accès aux études supérieures — pour les enfants des catégories moyennes ou modestes.

Le principe même de la retraite suppose une solidarité entre les générations : les parents ayant assuré l'éducation de leurs enfants sont en droit d'être aidés à leur tour quand ils cessent de travailler. Ce principe vaut collectivement à l'échelle de la société et passe par le prélèvement de cotisations régulées par les partenaires sociaux et l'État. Si les cotisations sont plus importantes pour les générations nouvelles, on ne saurait pour autant oublier de prendre en compte le fait que celles-ci sont restées plus longtemps à la charge de leurs parents et de la société, en bénéficiant d'un niveau global de formation plus élevé. L'idée d'un sacrifice que seules les générations nouvelles auraient à supporter suppose aussi un «raisonnement à production constante» qui projette sur l'avenir la période actuelle en n'envisageant pas de croissance possible qui permettrait de trouver un nouvel équilibre entre le niveau des revenus des actifs et le maintien du niveau de vie des retraités. Quant à la nécessité de travailler plus longtemps, elle est directement liée au développement de l'espérance de vie qui signifie globalement une retraite qui dure plus longtemps : si l'on vit dix ans de plus et en meilleure santé, il ne paraît pas particulièrement anormal ou injuste de devoir travailler quelques années de plus pour pouvoir assurer le financement de la retraite. L'alliance entre les jeunes scolarisés et les retraités des services publics dans les manifestations de rue est précisément significative d'une difficulté à assumer des deux côtés le rapport de solidarité entre générations dans une période historique bien différente de celle des Trente Glorieuses.

Le fait que l'année de naissance, la situation économique et sociale dans laquelle on est éduqué et formé agissent sur le destin d'une génération constitue un constat banal. Mais lui appliquer l'idée d'une «injustice générationnelle» parce que la période économique et sociale a changé dans le sens du développement du chômage de masse, des difficultés du financement des retraites, de la dévalorisation des diplômes, laisse supposer que les évolutions sociales et historiques sont totalement maîtrisées par les classes au pouvoir ou, plus précisément, par les baby-boomers qui s'accrochent à leurs privilèges. La difficulté de la jeunesse à structurer ses propres aspirations est ainsi complètement renvoyée à un manque de moyens matériels et à l'égoïsme des soixante-huitards qui empêcheraient tout un potentiel créateur de s'exprimer. C'est se placer, comme d'autres, en victime de l'histoire et des soixante-huitards en faisant valoir des droits. Parler d'une «injustice générationnelle», d'une «spoliation des jeunes par les vieux», c'est se placer dans une position de surplomb de l'histoire en considérant que la période des Trente Glorieuses constitue non pas une période bien particulière, mais la norme à partir de laquelle l'évolution économique et sociale ultérieure doit être jugée, non pas la forme qu'a prise l'idée de progrès à un moment donné, mais l'essence même du progrès. Un tel conservatisme qui se prévaut de la défense des nouvelles générations est un frein à toute dynamique de reconstruction au même titre que le corporatisme existant au sein des services publics ou que les baby-boomers qui ignorent les difficultés des jeunes.

## LA FIN D'UN MONDE

Chaque génération vieillissante regardant les évolutions qu'elle a connues depuis son enfance et le comportement des nouveaux venus éprouve souvent le sentiment de la fin d'un monde, d'une rupture dans les façons de vivre et de penser. Stefan Zweig dans *Le Monde d'hier* met ainsi en perspective l'univers de stabilité existant avant la guerre de 1914 et les bouleversements qui ont suivi : « Ce n'est pas tant mon destin que je raconte que celui de toute une génération, notre génération singulière, chargée de destinée comme peu d'autres au cours de l'histoire. Chacun de nous, même le plus infime et le plus humble, a été bouleversé au plus intime de son existence par les ébranlements presque ininterrompus de notre terre européenne[20]. »

Ce sentiment d'une rupture a été ravivé d'une tout autre manière lors de l'explosion des mouvements étudiants dans le monde à la fin des années 1960. Pour l'anthropologue américaine Margaret Mead, il ne s'agissait pas seulement d'une « forme particulièrement aiguë de rébellion adolescente », mais d'un changement culturel de grande ampleur d'une portée universelle[21]. Les générations de l'après-guerre ont grandi dans un monde où l'arme atomique peut détruire la planète, où le développement sans précé-

dent des médias et des moyens de communication permet l'émergence d'une culture planétaire...
Autant de changements que les anciens n'auraient
pas cru possibles et qui font que leurs modèles pour
appréhender le monde ne paraissent plus perti-
nents: «Récemment les aînés pouvaient encore
dire: "Vous savez, j'ai été jeune, mais vous, vous
n'avez jamais été vieux." Aujourd'hui, les jeunes
gens peuvent répondre: "Vous n'avez jamais été
jeune dans le monde où, moi, je suis jeune, et vous
ne le serez jamais"[22]. »

On peut se demander si les effets du changement
culturel porté par les mouvements étudiants de la
fin des années 1960 n'ont pas abouti dans les
décennies suivantes à une rupture générationnelle
plus radicale encore et d'une autre nature. La fracture ne vient pas seulement de l'usage des nouvelles technologies, du développement des grands
médias audiovisuels, de la prégnance de l'image
sur l'écrit, éléments déjà largement amorcés dans
la période antérieure, même si la «fracture numé-
rique» s'y est ajoutée. Elle porte directement sur le
creuset culturel dans lequel les jeunes ont grandi et
ont été formés.

La génération soixante-huitarde est placée à la
jointure de deux époques, éduquée selon un modèle
qui reste encore imprégné des valeurs traditionnelles
en même temps qu'elle est porteuse d'aspirations
nouvelles rendues possibles par le développement
de l'après-guerre. Les parents ont connu les privations et les guerres, le Front populaire de 1936, la
guerre d'Espagne et la Résistance, dont les souvenirs sont encore bien présents. Après l'Indochine, la

France mène une guerre en Algérie jusqu'au
début des années 1960. En même temps les jeunes
de l'époque vivent dans une société nouvelle où la
consommation et les loisirs, les développements
dans tous les domaines font penser que le bonheur
est à portée de main, qu'il se vit au présent sans passer par des sacrifices ou attendre les «lendemains
qui chantent». Dans l'enseignement, l'histoire de la
France, la littérature et les arts sont encore des
matières importantes tandis que les jeunes grandissent avec le cinéma, la radio et la télévision, la
musique rock... Ainsi nombre de fils relient-ils
encore les baby-boomers à la France ancienne alors
que la vie quotidienne et leurs aspirations les plon-
gent dans un autre univers qui rompt avec cette histoire. Les soixante-huitards sont des héritiers
rebelles. Ils vont se révolter contre la culture juive et
chrétienne, humaniste et républicaine, mais ils ont
été encore, qu'ils le veuillent ou non, éduqués dans
son creuset.

Il n'en est plus de même pour les générations suivantes : le fil a été déjà rompu. Elles arrivent dans ce
qui ressemble à un champ de ruines produit par une
critique qui ne s'est guère souciée ou s'est montrée
incapable de reconstruire. Elles se sont trouvées
face à des enseignants et des éducateurs qui n'assu-
maient pas ou mal leur rôle de transmission d'un
héritage avec lequel ils étaient eux-mêmes en rupture. Leur «destin» n'est pas d'être venues «trop
tard» après les baby-boomers — chaque génération
peut éprouver ce même sentiment vis-à-vis de ses
pères et les soixante-huitards eux-mêmes n'y ont
pas échappé —, mais d'avoir été largement élevées

et éduquées dans une culture post-soixante-huitarde
qui a proclamé leur autonomie dès leur plus jeune
âge en s'attaquant non seulement à l'autoritarisme,
mais au principe même de l'autorité. Un livre comme
*Libres enfants de Summerhill*[23], diffusé à plus de
400 000 exemplaires dans les années 1970, constitue de ce point de vue un modèle qui a imprégné de
nombreux futurs parents. On y trouve sous une
forme extrême le condensé des croyances de l'époque
en matière d'éducation. Derrière les proclamations
de l'autonomie et de la liberté de l'enfant, se cache
un processus d'effacement des adultes qui a tous les
traits d'un abandon : «Je crois qu'imposer quoi que
ce soit avec autorité est injuste. L'enfant ne devrait
jamais être forcé à faire quelque chose avant d'être
arrivé de lui-même à l'idée — son idée — qu'il doit
la faire. La malédiction qui pèse sur l'humanité,
c'est la contrainte extérieure, qu'elle vienne du
pape, de l'État ou du professeur. C'est du fascisme[24].» Il y aurait d'un côté l'école traditionnelle
«mauvaise parce que fondée sur une conception
adulte de ce que l'enfant doit être et doit apprendre»
et, de l'autre, l'«éducation dans la liberté», celle
d'une «école qui serve les besoins des enfants —
plutôt que l'inverse»[25]. On entend encore l'écho de
ces conceptions chez des responsables syndicaux,
des parents d'élèves et des jeunes.

À cet «héritage impossible» de Mai 68 est venu
vite s'ajouter un retournement de la situation économique avec la fin des Trente Glorieuses et la
«crise de l'État-providence». Alors que précédem-
ment tout semblait encore possible pour la jeunesse
en révolte[26], à l'inverse de l'utopie se développe une

vision noire de l'avenir que le développement du chômage de masse mais aussi la dégradation de l'environnement semblent incarner. L'image de la toute-puissance de la jeunesse accomplissant la réalisation de ses désirs en toute insouciance a du mal à se redéployer dans ce nouveau contexte. La désillusion est grande chez les jeunes générations qui ont hérité cette image de leurs parents soixante-huitards. L'une des causes du mal-être des nouvelles générations nous paraît due au divorce entre l'image de la jeunesse transmise par leurs parents et la situation plus difficile dans laquelle ils se trouvent. Cette désillusion des jeunes est symptomatique d'un phénomène plus général : le ressentiment victimaire qui s'est développé dans la société trouve à s'éclairer à partir de ce changement de période historique et de l'incapacité à y faire face avec des schémas qui sont ceux de la période antérieure, schémas dont on ne parvient pas à se débarrasser.

S'il existe bien une responsabilité des soixante-huitards vis-à-vis des jeunes aujourd'hui, elle réside avant tout dans leur refus et leur incapacité à prendre un recul réflexif et critique sur les idées qu'ils ont véhiculées, de tenir un récit cohérent sur ce qui s'est passé. «Nous sommes les enfants de personne[27]», tel est précisément le constat dressé par un jeune auteur qui s'interroge sur l'héritage culturel et spirituel laissé par les soixante-huitards qui sont restés bloqués dans leur imaginaire.

## QUEL PASSAGE À L'ÂGE ADULTE ?

Les enfants des baby-boomers ont été éduqués dans une situation paradoxale où les adultes et la société les ont valorisés à outrance en effaçant la différence entre les générations. Difficile de s'identifier et de se révolter contre le père quand celui-ci prend les traits du copain ou du thérapeute, ou quand ceux qui sont censés faire figure d'autorité vous renvoient votre propre image de jeune révolté en vous incitant à les imiter. La formation des jeunes les soumet pareillement à des injonctions paradoxales difficiles à supporter. Dans le même temps où ils sont déclarés autonomes et responsables, ils sont aussitôt soumis à de fortes pressions et à des évaluations multiples (dès la crèche et la maternelle) qui les classent et sont censées les rendre à la fois conformes et performants.

En les considérant de plus en plus tôt comme des adultes et des citoyens, les éducateurs ont brouillé les places et les rôles, court-circuité l'insouciance de l'enfance et l'indétermination de l'adolescence, étapes indispensables à leur structuration. Qu'on ne s'étonne pas alors de voir apparaître des personnalités fragiles et instables sous les apparences du sérieux le plus convenu. Les médias et les hommes politiques ont suivi et encouragé le phénomène en mettant en scène à leur tour le spectacle des enfants adultes et citoyens. Depuis 1992, l'Assemblée nationale accueille chaque année garçons et filles pour adopter un texte qui fait prévaloir dans l'Hémicycle la «cause des enfants et la défense de leurs droits». Le Parlement mondial des enfants[28], organisé à l'initiative de l'Assemblée nationale française et de l'UNESCO en octobre 1999, en est un exemple frappant. Il a débouché sur l'écriture d'un *Manifeste de la jeunesse pour le XXIᵉ siècle*[29]. Ces jeunes «citoyens du monde», nous dit-on, se sont comportés «comme de véritables parlementaires[30]», ils nous donnent une «leçon d'intelligence, d'authenticité et de générosité[31]». Mais au risque de passer pour un vieux réactionnaire et un ennemi des enfants, force est de constater que ce manifeste enfile des thèmes remplis de bonnes intentions qui sont devenus les maîtres mots du temps présent : paix et non-violence, éducation, environnement, développement économique et humain, solidarité, culture, communication et dialogue interculturel. Beaucoup de ses déclarations ressemblent à celles de l'Église de France, mais elles pourraient aussi trouver leur place dans les discours du parti socialiste, du parti communiste ou d'Olivier Besancenot, comme, du reste, dans celui de la droite qui s'est convertie au jeunisme ambiant. Nombre de formulations ont un air connu : «participer aux instances de décision», «éduquer à l'environnement», «éduquer à la différence», «apprendre à mieux connaître les autres et leur culture pour mieux les respecter», «valoriser toutes les cultures et les traditions ethniques»... Pédagogues et *managers* modernistes peuvent même s'y retrouver : «lancer des projets», «mettre en commun nos connaissances», «considérer l'interculture comme une discipline transversale indispensable à la formation»,

sans oublier la fameuse injonction : « Devenons des
acteurs du changement ! » Parmi les « idées perti-
nentes des enfants du monde entier », celles des
jeunes Français portant sur la santé ont de quoi
satisfaire les médecins et les responsables de la
Sécurité sociale : prévention des maladies sexuelle-
ment transmissibles, lutte contre les drogues, prévention contre le tabac, limitation de la consommation
d'alcool, avec cette recommandation en direction
des constructeurs automobiles : « Il faudrait créer et
installer dans les voitures un dispositif interdisant le
démarrage lorsque le chauffeur est ivre (le souffle
alcoolisé empêchant la mise en route)[32]. » Comme
l'écrit si bien Laurent Fabius qui ne semble pas s'en
inquiéter : « "Nous forgerons notre futur quand nos
rêves deviendront lois" est la devise qu'ils se sont
donnée[33]. »

On ne saurait reprocher aux enfants leur angélisme et leur conformisme, mais le plus étrange en
l'affaire c'est lorsque la parole des adultes se mêle
à ce point à celle des enfants, quand la langue de
caoutchouc des politiques devient celle des jeunes.
Adultes et responsables se servent des enfants
comme d'un miroir dans lequel ils trouvent comme
par bonheur leur propre reflet : « Il n'est pas que
sur leur propre vie que les paroles des enfants nous
éclairent. Ils observent notre univers, dangereux
ou familier, dans sa globalité. Ils le décryptent. Ils
l'analysent. Ils nous tendent un miroir et nous
devons nous y regarder[34]. » Il est temps de briser le
miroir et d'en finir avec ce jeunisme éhonté si l'on
veut donner aux nouveaux venus la possibilité d'in-
nover.

## L'ADOLESCENCE COMME STRUCTURE
## SOCIALE DE COMPORTEMENT

L'adolescence est ce moment où l'individu se trouve confronté à la « douloureuse perspective de la fin des possibles[35] ». Le passage de l'enfance à l'âge adulte reste une épreuve et il n'existe pas de modèle ou d'outils auxquels se conformer. Mais la façon dont la confrontation s'effectue avec le monde des adultes est décisive pour la sortie de cette période difficile et la structuration de la personnalité. Il est d'autant moins aisé de renoncer aux plaisirs perdus et idéalisés de l'enfance que le monde des adultes s'en détache difficilement et se montre incapable de valoriser les autres types de satisfaction que procure la maturité. La jeunesse comme moment central et intense de la vie est valorisée socialement, à tel point qu'elle apparaît comme le summum de l'existence, le moment de la « vraie vie » à l'aune duquel la maturité et la vieillesse apparaissent comme nécessairement décadents. Il fut un temps où le fait de quitter la famille pouvait être vécu comme une véritable libération, impliquant une autonomie affective et financière conquise parfois contre les parents. Aujourd'hui, la plus grande difficulté à trouver du travail et les habitudes acquises dans les familles « libérées » ne favorisent pas la séparation. Et comment parvenir à structurer les différents volets de sa personnalité quand ceux qui sont supposés incarner l'autorité ont eux-mêmes du mal à le faire ? Com-

ment être cohérent quand les pouvoirs en place et
les hommes politiques ont tendance à dire tout et
son contraire, quand règnent le cynisme et l'instrumentalisation des idées et des individus ? Comment
trouver la juste estime de soi-même quand la société
et les institutions s'empêtrent dans une « mémoire
pénitentielle » ?

Des psychologues ont été amenés à étendre l'adolescence sur un plus grand nombre d'années, mais
on ne saurait en rester à cette périodisation. La
question mérite d'être posée directement : la mentalité et les comportements qui caractérisent cette
période transitoire de la vie ne forment-ils pas une
structure de comportement plus large lorsque la
société trouve en face d'elle un pouvoir informe et
incohérent, lorsque le pays doute profondément de
lui-même, ne sachant plus d'où il vient et où il va ?
Décrivant les principaux traits de la personnalité
narcissique contemporaine, Christopher Lasch souligne la « crainte d'engagements astreignants », le
« désir de garder toutes les options ouvertes », l'« aver-
sion au fait de dépendre de quelqu'un »[36]. Cette difficulté d'être s'accompagne d'un rapport des plus
ambivalents à l'État et aux institutions : les individus ont tendance à soupçonner d'emblée ceux qui
les dirigent d'une volonté de mainmise et de domination, tout en exigeant d'eux qu'ils répondent au
plus vite à leurs besoins et les protègent. La difficulté à faire son deuil d'un passé mythifié, à accepter l'ambivalence et le tragique inhérent à l'histoire,
la morale de la pureté et des bons sentiments, la
posture de dénonciation victimaire sont également

autant de traits qui ne sont pas sans rappeler les troubles et la révolte de la période adolescente.

Cette structure de comportement pose un défi considérable non seulement aux formes traditionnelles de l'engagement collectif, comme les anciens militants des syndicats et les associations commencent à s'en apercevoir, mais au lien de citoyenneté, à une éthique de la responsabilité qui est au fondement de l'action politique démocratique. Force est de reconnaître que la démagogie de la gauche politique vis-à-vis des jeunes et du «mouvement social» a entretenu et encouragé un tel type de comportement. Il faut oser le dire clairement : les jeunes désorientés[37], les salariés et les retraités des services publics qui défendent leurs acquis comme une forteresse assiégée ne constituent pas les forces vives sur lesquelles s'appuyer pour recréer une dynamique de transformation dont le pays a besoin.

Rompre avec une telle structure de comportement supposerait que l'État et les politiques soient cohérents dans leurs discours et dans leurs actes, expliquent clairement dans quelle nouvelle situation historique nous sommes entrés et tracent un avenir pour le pays dans le cadre de l'Union européenne qui donne envie à la société de s'y engager. Cela n'implique pas la «rupture», mais la reconstruction du modèle républicain adapté à la nouvelle période historique. Une tâche semblable à celle qui a vu la modernisation de la France dans l'après-guerre. Cela ne se fera pas sans difficulté après trente ans de chômage de masse, de gauchisme culturel, d'érosion des corps intermédiaires, de l'autorité de l'État et des institutions. Cela ne se

fera pas non plus sans efforts équitablement parta-
gés et sans lutte contre les inégalités. Mais c'est la
condition pour que le pays en finisse avec la nostalgie des Trente Glorieuses, avec l'angoisse et les
fractures qui le minent. Il s'agit pour le pays de
retrouver la confiance et l'estime de lui-même, en
dehors desquelles il n'est guère de renouveau.

## CHAPITRE V

## QUE VEUT DIRE
## LE HARCÈLEMENT MORAL ?

### I

### *Genèse d'un syndrome**

    Tout commence par le succès inattendu d'un livre publié en 1998, *Le harcèlement moral* [1] de Marie-France Hirigoyen, psychiatre, psychanalyste et psychothérapeute familiale. Alors que l'éditeur comptait sur une vente qui ne dépasserait pas les 10 000 exemplaires, il devient vite un best-seller : près de 500 000 exemplaires ont été vendus à ce jour et il a fait l'objet de vingt-six demandes de traduction dans le monde entier. À ce niveau de diffusion, ce livre échappe au cadre habituel de l'édition en sciences humaines et peu d'ouvrages peuvent lui être comparés, sauf peut-être *Libres enfants de Summerhill* [2] d'Alexander S. Neil, diffusé à plus de 400 000 exemplaires dans les années 1970, livre qui a marqué toute une génération à propos de l'éducation des enfants. Il est possible que *Le harcèlement moral* joue un rôle semblable dans l'abord des problèmes du travail et des rapports sociaux. On ne peut manquer, en tout cas, d'être frappé par la facilité avec laquelle cette notion s'est propagée dans la société. Il n'y a pas si longtemps encore, on parlait couramment d'aliénation et d'exploitation dans le travail. On invoque désormais plus volontiers la «souffrance au travail» et le «harcèlement moral». Ce glissement du vocabulaire est représentatif d'un changement de paradigme qu'il faut essayer de cerner si l'on veut comprendre ce qui se trouve en jeu dans le succès de cette notion.

À la lecture du livre de Marie-France Hirigoyen, force est de reconnaître que la notion de «harcèlement moral» n'est guère facile à saisir. Les précisions qui vont être apportées par la suite n'éclaircissent pas vraiment le propos, mais démontrent plutôt la grande élasticité de cette notion. Quand on lit les nombreux comptes rendus de *Harcèlement moral* parus dans la presse et les allusions qui y sont faites, on peut se demander si ce livre a été lu de près. En fait, ce sont surtout les exemples et les cas cliniques relatés qui ont retenu l'attention, ce qui a entraîné une vague de témoignages publics de victimes de harcèlement dont les médias se sont faits largement l'écho. Le «harcèlement moral» a investi le débat public pendant deux ans, donnant lieu à de multiples écrits, émissions, réunions et débats, et a fini par être inscrit dans un texte de loi. Il a obtenu droit de cité au terme d'une campagne menée par des associations relayées par les médias qui ont fait pression sur le gouvernement pour qu'il légifère. Cette notion introduit des schémas de pensée qui rompent avec les interprétations traditionnelles d'une gauche mal en point. Les restes des idées d'exploitation et de lutte des classes s'allient curieusement à une problématique thérapeutique

d'un nouveau genre. La défense des victimes du harcèlement prend le relais des luttes de la classe
ouvrière dans une optique qui allie la psychologie,
la morale et la loi. Pour beaucoup, cette défense
rejoint le combat contre le capitalisme qui cherche
à trouver un second souffle.

Après quelques hésitations et tractations au sein
de la «gauche plurielle», le gouvernement a inséré
la notion de harcèlement moral dans son texte de loi
sur la modernisation sociale votée en janvier 2002,
prétendant ainsi répondre à une «demande sociale»
qui apparaît, en fait, particulièrement opaque. En
fin de compte, l'État a reporté sur la justice le soin
de démêler le vrai du faux en matière de harcèlement, et l'on commence à mesurer les effets d'une
telle loi à travers les plaintes et les premiers procès
pour harcèlement. La question mérite d'être posée
crûment : comment une notion aussi confuse a-t-elle
pu faire l'objet d'un texte de loi ? Les hommes politiques qui l'ont reprise à leur compte et l'ont l'ins-
crite dans la législation savaient-ils ce qu'ils faisaient
ou agissaient-ils par démagogie et opportunisme ?

Le livre a joué le rôle de miroir grossissant d'un
mal-être social, sans qu'on prête grande attention à
la problématique qu'il met en avant et à ses effets
possibles dans les rapports sociaux. Telle est peut-
être l'explication de son succès : dans les faits qu'il
relate comme dans l'interprétation qu'il en donne,
ce livre reflète à sa manière un nouvel «air du
temps» marqué par la psychologisation et la victimisation. Pour paraphraser l'une des principales
associations de lutte contre la souffrance au travail,
le «harcèlement moral» met des mots sur des maux,

mais ces mots ne sont pas forcément les plus appro-
priés pour prendre du recul et comprendre ce dont
il est fondamentalement question.

Par-delà le grand déballage auquel il a donné lieu,
le «harcèlement moral» n'en est pas moins symptomatique d'une dégradation des rapports de travail,
en même temps qu'il nous dit quelque chose sur la
façon dont les individus envisagent leurs rapports
avec les autres, les pouvoirs et les institutions à
l'échelle de la société. Cette question mérite d'être
sortie du carcan psychologique et juridique dans
lequel on l'a enfermée, pour être traitée au regard
des nouvelles contraintes et de la nouvelle situation
symbolique dans laquelle se trouvent placés les individus dans les sociétés démocratiques au stade
actuel de leur développement. À sa façon, le «harcèlement moral» porte témoignage d'un mal-être
dans les rapports sociaux, en même temps qu'il y
participe et le renforce. Telle est, en fin de compte,
l'ambiguïté fondamentale de cette notion que ce
texte tente de mettre au jour en analysant ses différentes facettes.

## UN LIVRE SYMPTÔME

Le livre de Marie-France Hirigoyen ne ressemble
guère aux livres de psychologie théorique ou clinique avec leur côté savant et méticuleux qui rebute
souvent le profane. Écrit dans un style clair et nourri
de nombreux exemples, il s'adresse à un large

public. Il juxtapose des cas cliniques, une analyse psychologique de la relation perverse et un guide pratique pour les victimes et les professionnels de santé. La lisibilité de l'ouvrage, son aspect réaliste et pragmatique ont fait passer au second plan les présupposés théoriques, le changement introduit dans l'abord des phénomènes de perversion et le type de thérapie qu'il induit.

## La perversion envahit le quotidien

La quatrième de couverture le dit clairement : « Il est possible de détruire quelqu'un juste avec des mots, des regards, des sous-entendus : cela se nomme violence perverse ou harcèlement moral. » Il s'agit, écrit l'auteur, d'un « processus inconscient de destruction psychologique, constitué d'agissements hostiles évidents ou cachés, d'un ou de plusieurs individus, sur un individu désigné, souffre-douleur au sens propre du terme [3] », « processus réel de destruction morale, qui peut conduire à la maladie mentale ou au suicide » (p. 12). La violence en question est faite de marques constantes d'hostilité qui ont lieu tous les jours par petites touches. Ces agressions apparemment anodines peuvent durer des mois, voire des années, leur répétition produisant leur effet destructeur. « En surface, nous dit l'auteur, on ne voit rien ou presque rien. C'est un cataclysme qui vient faire imploser les familles, les institutions ou les individus » (p. 120).

Le lecteur se trouve rapidement plongé dans une vingtaine de « cas cliniques » commentés par l'au-

teur qui illustrent la «violence perverse au quotidien» dans le couple, la famille et l'entreprise. Leur
succession forme une galerie de portraits d'individus qui s'entre-déchirent, un tableau trivial de la
dégradation des rapports humains. Il y a «Benja-
min et Annie», qui se sont rencontrés il y a deux
ans alors qu'Annie était engagée dans une relation
frustrante avec un homme marié, «Monique et
Lucien», mariés depuis trente ans et qui se séparent après que Lucien a annoncé à Monique qu'il
avait une liaison depuis six mois, «Anna et Paul»,
qui vivent ensemble mais Paul garde une distance
affective et refuse de s'engager vraiment, «Éliane et
Pierre», qui se séparent après dix ans de vie commune et trois enfants, et Pierre, qui déclare n'avoir
désormais qu'un seul but : harceler Éliane... On
aurait pu croire naïvement à des histoires d'amour
qui finissent mal, mais on se trouve confronté à des
mécanismes psychologiques qu'on ne soupçonnait
pas.

Les rapports parents-enfants dans les familles ne
sont guère plus reluisants. Il y a les parents de
«Nadia», qui ont pris l'habitude de dresser leurs
enfants les uns contre les autres, «Stéphane»,
devenu l'otage d'un divorce, «Daniel», dont la mère
n'est pas heureuse dans son couple et qui ne supporte
pas que ses enfants paraissent joyeux, «Céline», qui
annonce à son père qu'elle a été violée et qu'elle a
porté plainte, «Agathe», dont la mère a pris l'habitude de rendre ses enfants responsables de tous ses
malheurs, «Arthur», enfant désiré par sa mère mais
pas vraiment par son père, et cette fille de douze ans
à qui sa mère raconte les défaillances sexuelles de

son mari et qui compare ses attributs à ceux de son amant...

Au regard de ces couples et de ces familles qui n'en finissent pas de se déchirer, les neuf cas décrits de harcèlement dans l'entreprise semblent ressortir à un autre registre. Mais là aussi, il ne faut pas se fier trop vite aux apparences : «Même si le contexte est différent, il s'agit néanmoins d'un fonctionnement semblable. On peut donc s'aider du modèle qui est manifeste dans le couple pour comprendre certains comportements qui se font jour dans l'entreprise» (p. 53). Les situations peuvent sembler moins dramatiques quoique tout aussi sordides. Il y a «Cathy», qui devient inspecteur de police, se fait traiter de «trou sur pattes» par un collègue et se retrouve isolée, «Cécile», une «grande et belle femme de quarante-cinq ans mariée à un architecte et mère de trois enfants» qui trouve un emploi et qui est mise à l'écart par ses collègues, «Denise», qui a de mauvaises relations avec une collègue de travail autrefois maîtresse de son ex-mari, «Muriel», qui a obtenu un poste de responsabilité et qui est en butte à l'hostilité des secrétaires... «Ève», «Myriam», «Lucie», «Olivier», «Clémence» subissent, quant à eux, des abus de pouvoir d'une hiérarchie particulièrement tyrannique.

Quel sens ces cas cliniques peuvent-ils prendre pour un lecteur qui n'est pas forcément thérapeute? L'accumulation de ces situations où transparaissent la souffrance et le malheur modernes suscite un sentiment de malaise et une interrogation inquiète : pourquoi et comment peut-on en arriver là? Mais le livre n'offre guère de place à une telle question. Les

cas sont présentés et commentés comme des
exemples types de la violence perverse au quotidien
et de ses mécanismes. Les situations peuvent sembler variées, mais le scénario reste le même : « séduction perverse » mettant la victime sous l'empire de son
agresseur, généralement suivie de violences manifestes, « communication perverse » consistant en non-
dits, mensonges, sarcasmes, dérisions, mépris et
usage du paradoxe... Les cas exposés paraissent
extrêmes, mais leur égrenage et les nombreux
exemples tirés de la vie quotidienne donnent l'impression que l'on a affaire à un phénomène de masse.

La dénomination de « pervers » est non seulement
déconnectée de la sexualité, mais elle prend un sens
pour le moins élastique quand l'auteur écrit : « Je
garderai également la dénomination de "pervers",
parce qu'elle renvoie clairement à la notion d'abus,
comme c'est le cas avec tous les pervers. Cela
débute par un abus de pouvoir, se poursuit par un
abus narcissique au sens où l'autre perd toute estime
de soi, et peut aboutir parfois à un abus sexuel »
(p. 12). En écrivant ces lignes, Marie-France Hirigoyen a sans doute en tête des cas concrets qu'elle a
été amenée à traiter, mais la notion d'« abus » ouvre
un vaste champ d'application à la perversion. Les
dernières pages du livre élargissent encore un peu
plus le propos. Ce phénomène se retrouve, lit-on,
dans « tous les groupes où des individus peuvent
entrer en rivalité, en particulier dans les écoles et les
universités » (p. 207), mais aussi au sein du monde
politique et des États : « Il suffit d'un ou plusieurs
individus pervers dans un groupe, dans une entreprise ou dans un gouvernement pour que le système

tout entier devienne pervers» (p. 208). En fin de compte, c'est la société tout entière qui paraît atteinte par cette perversion qui, si elle n'est pas dénoncée, «se répand de façon souterraine par l'intimidation, la peur, la manipulation» *(ibid.).* À la lecture de ce livre, chacun ne doit-il pas se reconnaître plus ou moins complice par son silence ou son indifférence ?

## Les nouveaux monstres et leurs frêles victimes

Le livre fournit en une vingtaine de pages un portrait fort détaillé des protagonistes du harcèlement moral. Il en ressort une sorte de figure type de l'agresseur qui, sous les apparences les plus anodines, a tous les traits d'un nouveau monstre. Le harceleur est un individu narcissique et séducteur, le plus souvent masculin, avide de pouvoir et d'admiration, qui reproduit un comportement destructeur dans tous les aspects de sa vie : dans son couple, avec ses enfants comme sur son lieu de travail. Il ne se remet jamais en question, n'a ni compassion ni respect pour les autres. Il dénie constamment la réalité et se considère toujours comme irresponsable, rejetant les fautes sur les autres. Un tel individu ne peut en fait exister qu'en cassant et en rabaissant autrui parce que ce comportement lui est nécessaire pour acquérir une bonne estime de lui-même. Faisant preuve de «malignité destructrice», il prend plaisir à asservir l'autre, à l'acculer à la faute, à l'humilier. Il a besoin de «se nourrir de la substance de l'autre», de l'énergie de ceux qui subissent son charme, en même temps qu'«il cherche à injecter en l'autre ce

qui est mauvais en lui», entraînant sa cible à devenir destructrice à son tour... Il ignore les sentiments
de tristesse et de deuil, manifeste une rancune
inflexible. Insensible et sans affect, il ne souffre pas.
Il est en fait structuré au plus profond par un vide
intérieur, une insensibilité structurelle et une
absence totale de scrupule. Le harceleur moral, pervers narcissique agissant au quotidien, a tous les
traits de la figure du «Malin».

À l'inverse, la victime a les traits de l'innocence,
de la fragilité et de la souffrance. Pour le pervers, la
victime idéale est une personne consciencieuse,
pleine de vie, qui donne sans compter, se mettant
facilement au service des autres. Crédule et naïve,
elle ne peut imaginer que l'autre soit véritablement
destructeur; vulnérable aux jugements des autres,
elle a tendance à se dévaloriser et à se culpabiliser.
L'agresseur pervers sait jouer des faiblesses internes
de sa victime qui se retrouve «engluée» dans une
relation destructrice sans avoir les moyens d'y échapper. Dominée par l'agresseur et sous son emprise,
«ligotée psychologiquement», elle est incapable
de réagir et a perdu tout pouvoir de dire non.
Cette vulnérabilité à l'«emprise» est symptomatique
de traumatismes infantiles favorisés par un type
d'«éducation répressive, destinée à "mater" son
enfant "pour son bien"», éducation qui «brise sa
volonté et l'amène à réprimer ses sentiments véritables, sa créativité, sa sensibilité, sa révolte» (p. 149).

Ces descriptions du pervers et de sa victime correspondent à des cas cliniques réels et l'on peut
comprendre le souci de l'auteur de remettre en
question l'argument trop facile d'un «masochisme»

qui serait inhérent à toute victime d'une agression. Mais à lire de telles descriptions, il n'est pas difficile de deviner où l'identification et le rejet du lecteur vont spontanément se porter. La cible est, si l'on peut dire, désignée et laisse le champ libre à de multiples interprétations tendancieuses quand l'auteur décrit par le menu les caractéristiques du pervers.

## Une thérapie compassionnelle, morale et militante

Les conseils fournis par le livre paraissent relever du bon sens en même temps qu'ils suggèrent toute une stratégie de contre-harcèlement. L'attitude individuelle à adopter consiste à «garder son sang-froid» — ce qui n'est guère aisé quand on est victime d'une agression perverse — et à «accumuler les preuves». Pour résister psychologiquement à un harcèlement dans un couple, il est également conseillé d'être soutenu par des amis fiables. Alors que les femmes battues portent les marques des coups, il n'en va pas de même pour une femme humiliée et injuriée : si la femme victime est décidée à se séparer de son «conjoint agresseur», il faut alors «trouver un moyen pour que les agressions se produisent en présence de tiers qui pourront témoigner» et «garder toutes les traces écrites qui peuvent aller dans ce sens». Dans les entreprises, il s'agit d'«accumuler les traces, les indices, noter les injures, faire des photocopies de tout ce qui pourrait, à un moment ou un autre, constituer sa défense», s'attacher les concours de témoins, se plaindre au DRH, aller voir le médecin du travail... Pour contrer

188 La France morcelée

la «communication perverse», l'auteur n'hésite pas à écrire : «Il vaut mieux passer pour anormalement méfiant, quitte à être qualifié de paranoïaque, que de se laisser mettre en faute. Il n'est pas mauvais que, par un renversement, la victime inquiète son agresseur en lui faisant savoir que, désormais, elle ne se laissera plus faire» (p. 184). On peut là aussi comprendre une telle attitude face à des cas extrêmes, mais on mesure les effets dévastateurs possibles de ces propos dans les entreprises où les conflits interindividuels qui ne relèvent pas forcément d'une «violence perverse» sont nombreux.

Une telle optique allie dans un curieux mélange la dimension thérapeutique et militante. Le patient doit être reconnu comme une victime et sa souffrance devient le point focal de la thérapie. Selon la formulation *ad hoc*, la victime doit d'abord «sortir de la culpabilité» pour «se réapproprier sa souffrance» (p. 195). Marie-France Hirigoyen appelle ainsi les thérapeutes à inventer une nouvelle façon de travailler plus souple, plus «active», «bienveillante» et «stimulante» (p. 193). Il s'agit, au moins dans un premier temps, de réconforter le patient et de lui fournir l'occasion d'exprimer sa colère et ses émotions jusqu'alors censurées en l'aidant si nécessaire à les verbaliser. Mais le rôle du thérapeute va plus loin. Dans une démarche dite «interactive», il peut lui donner les moyens de repérer les stratégies perverses qu'elle a subies. Il s'agit de «nommer la manipulation perverse», afin de permettre à la victime de sortir du déni et de la culpabilité. Le psychothérapeute ne doit pas craindre de la conseiller et de l'aider à se défendre. Ne pas le faire reviendrait à laisser la victime démunie et à se faire complice de l'agresseur. Le psychothérapeute se fait ainsi tout à la fois l'éveilleur, le conseiller et le défenseur des victimes.

## De la psychanalyse à la victimologie

Cette référence emblématique à la victime, en se situant d'emblée de son côté, constitue un point de démarcation décisif avec la psychanalyse. La mise en perspective de cette dernière avec l'interprétation du «harcèlement moral» de Marie-France Hirigoyen permet de mieux saisir le changement opéré dans l'analyse de la perversion.

À sa façon, la psychanalyse souligne que les rapports humains ne sont pas réductibles à la situation objective dans laquelle ils s'exercent et qu'ils ne peuvent être pensés sur le modèle d'une simple domination et d'une interaction entre des éléments hétérogènes. Ils ne sont donc pas immédiatement lisibles à partir de leur échange manifeste : ils impliquent l'intériorisation de la relation intersubjective et mettent en jeu des mécanismes inconscients dans lesquels les sujets se trouvent directement impliqués. Mais l'interprétation psychanalytique ne s'arrête pas là. Elle met en lumière, à travers, notamment, la notion de «masochisme moral», la façon dont l'individu peut rechercher et se complaire dans une position de victime en fonction d'un sentiment de culpabilité inconscient. Elle montre ainsi que les hommes peuvent être les artisans de leur propre malheur et trouver paradoxalement de la satisfac-

tion dans leur souffrance, la force qui les pousse à
agir ainsi ayant partie liée avec la pulsion de mort.

Marie-France Hirigoyen opère un glissement par
rapport à cette interprétation qui aboutit à une
autre grille de lecture. Son argumentaire se veut
pragmatique — les cas qu'elle a été amenée à traiter
et qu'elle relate dans son livre, indique-t-elle, ne
rentrent pas dans le cadre du «masochisme moral» —, en même temps qu'il engage une autre
interprétation de la perversion. La relation perverse
est en effet analysée avant tout sur le mode d'une
agression effectuée par un individu stratège et mani-
pulateur n'ayant comme seul but que de s'attaquer à
l'identité de l'autre et à lui retirer toute individualité. Le lien qui unit l'agresseur à l'agressé est
ramené à un lien premier de domination masquée
mais néanmoins violente, l'agresseur paralysant et
«ligotant psychologiquement» sa victime en sachant
jouer des faiblesses internes de cette dernière. Une
telle interprétation peut faire écho à l'observation
empirique que chacun peut être amené à faire et
rejoint le sens commun. Mais elle oublie ou, plus
précisément, rend secondaire le fait qu'il faut être
deux pour que la relation perverse fonctionne, «ce
qui ne veut pas dire que les deux consentent, mais
que les deux y sont pris et que le montage [pervers]
les dépasse [4]».

Le schéma développé par Marie-France Hirigoyen est au contraire fondé sur une distinction première entre agresseur et agressé qui tend à réduire
les mécanismes inconscients de perversion à des
comportements de domination et de manipulation.
La notion de «harcèlement» implique l'idée d'actes

imputables à un individu responsable et clairement identifiable, le harceleur. Le qualificatif «moral», quant à lui, désigne un phénomène d'ordre psychique en même temps qu'il induit l'idée d'une atteinte à la dignité de la personne. Il s'agit de distinguer clairement l'agresseur de l'agressé, de déculpabiliser la victime et d'imputer la responsabilité des actes à un individu précis en ne craignant pas de faire appel à la justice. La notion même de «masochisme moral» de la victime, avec ce qu'elle suppose de complaisance, de complicité et de sentiment inconscient de culpabilité, se trouve de fait disqualifiée sous le prétexte qu'elle tend à mettre sur le même plan l'agresseur et l'agressé et qu'elle culpabilise la victime. Marie-France Hirigoyen n'a de cesse, au contraire, de souligner au long des pages la nécessité de «déculpabiliser» la victime, condition indispensable à son rétablissement.

La démarche thérapeutique prônée rompt, elle aussi, avec celle de l'analyse. Dans la perspective analytique, les symptômes et la parole du patient doivent faire l'objet d'une attention et d'une interprétation qui relèvent plus d'une herméneutique que d'un repérage et d'un schéma d'interprétation des signes extérieurs du comportement. En ce sens, le visible se double d'un invisible qui ne sera jamais totalement transparent, et le discours du patient se doit d'être écouté avec une attention qui s'efforce de ne privilégier *a priori* aucun élément particulier. Tel est, du moins, l'idéal visé qui ne paraît pas simple à mettre en pratique et se trouve contredit par la dogmatique et la vulgate psychanalytique. Mais il n'en appelle pas moins à une grande précaution et une

extrême prudence vis-à-vis de tout discours purement victimaire.

Il n'en va plus tout à fait de même dans la
démarche de Marie-France Hirigoyen. La fameuse
neutralité de l'analyste n'est plus de mise, elle peut
au contraire être vécue par la victime comme une
agression supplémentaire. Même si le discours de la
victime est embrouillé et la relation à l'agresseur
ambivalente, le thérapeute ne peut oublier la « situation de violence objective » qu'elle a subie. L'auteur
critique la façon dont des psychanalystes vont uni-
quement et mécaniquement chercher dans le passé
de la victime les causes de sa souffrance. Sous le
couvert de leur savoir théorique, ils peuvent l'humilier, mettre en doute son innocence et la rendre responsable de sa position. Même si certains points de
l'approche psychanalytique lui paraissent rece-
vables, pour Marie-France Hirigoyen le « raisonnement est malsain, comme l'est un raisonnement
pervers, car à aucun moment il ne respecte la victime » (p. 196).

*De la violence physique
à l'« agression psychique »*

Marie-France Hirigoyen a suivi une première formation en victimologie à l'American University de
Washington lorsqu'elle était étudiante, puis à l'Ins-
titut médico-légal (Paris-V). La victimologie, indique-
t-elle dans son livre, est une discipline récente, née
aux États-Unis et qui « consiste en l'analyse des raisons qui amènent un individu à devenir victime, des

processus de victimisation, des conséquences que cela induit pour lui et des droits auxquels il peut prétendre» (p. 11).

L'histoire et les objectifs de cette discipline, laquelle apparaît après la Seconde Guerre mondiale, sont en fait soumis à débats et controverses. Elle a d'abord été considérée comme un complément de la criminologie, en montrant que le rapport entre le criminel et sa victime ne relève pas d'un dualisme simple mais que de multiples facteurs (personnalité, situation sociale, relation avec l'agresseur...) peuvent prédisposer certaines personnes à devenir des victimes. Une telle approche a suscité de violentes critiques qui lui reprochaient d'incriminer la victime. Sous l'influence du mouvement féministe dénonçant les violences faites aux femmes, la victimologie va s'orienter vers le soutien, l'aide et la défense des victimes en termes de droits. Depuis les années 1980 s'est développée une conception militante et «humanitaire» de la victimologie qui met l'accent sur la restauration de la dignité des personnes en se référant aux «droits de l'homme». Elle mène la lutte pour l'adoption de politiques institutionnelles et de législations défendant le droit des victimes.

C'est dans cette perspective que s'inscrit le livre de Marie-France Hirigoyen qui se place «délibérément, en tant que victimologue, du côté de la personne agressée». En s'attaquant à ce qu'elle appelle la «violence perverse au quotidien», elle fait entrer dans le champ de la victimologie des phénomènes qui jusqu'alors ne relevaient pas clairement d'une agression caractérisée. La notion de victime ren-

voyait avant tout à des agressions physiques : conflits
armés, actes de torture, de terrorisme, ou encore
catastrophes civiles ou naturelles, jusqu'aux violences sexuelles et aux violences urbaines. Marie-
France Hirigoyen y ajoute le «harcèlement moral»
dans le couple, les familles, l'entreprise et, plus largement, dans la vie politique et sociale.

Peut-on rapprocher de tels phénomènes sans ver-
ser dans le mélange des genres ? Qu'il s'agisse d'actes
d'une grande cruauté, comme les méfaits de tueurs
en série, ou de ceux cités dans son livre, il en va dans
les deux cas, affirme-t-elle, de «prédation», c'est-à-
dire d'un «acte qui consiste à s'approprier la vie»
(p. 9). Dans cette optique, l'auteur parle d'«empiéte-
ment sur le territoire psychique d'autrui», de «torture morale», d'acharnement pouvant se terminer
par un «meurtre psychique». Il est vrai que, selon
elle, le «harcèlement moral» peut conduire au
suicide, mais il est surtout fait d'une violence bien
singulière, «violence subtile» faite de chantage, de
menaces, d'intimidations qui sont toujours indi-
rectes et voilées et ne débouchent pas nécessairement sur des violences physiques. Ce qui rend son
repérage d'autant plus délicat : «Lorsqu'il y a violence physique, des éléments extérieurs sont là pour
témoigner : constats médicaux, témoins oculaires,
constatations de la police. Dans une agression perverse, il n'y a aucune preuve. C'est une violence
"propre". On ne voit rien» (p. 122).

Comment caractériser alors précisément une
«agression psychique» ? «On peut dire, écrit-elle un
moment, qu'il y a agression psychique lorsqu'un
individu est atteint dans sa dignité par le comporte-

ment d'un autre» (p. 191). Une telle formulation
laisse le champ libre à des interprétations des plus
variées quant à l'agression psychique en question.
Si l'on y ajoute le fait que «n'étant jamais contents,
les pervers narcissiques sont toujours en position de
victime, et la mère (ou bien l'objet sur lequel ils ont
projeté leur mère) est toujours tenue pour responsable» (p. 135), on mesure toute la difficulté pour
désigner l'agresseur et l'agressé. Tout le monde
n'ayant pas de formation thérapeutique et ayant
facilement tendance actuellement à se penser comme
victime, c'est peu dire que la promotion du «harcèlement moral» dans l'espace public laisse toute la
place à la confusion et aux abus. En fait, elle les
favorise au nom d'un combat contre la perversion
aux connotations morales et militantes.

### HARCÈLEMENT MORAL, *MOBBING* ET SOUFFRANCE AU TRAVAIL

La publication de *Harcèlement moral* intervient
sur un terrain déjà balisé par la psychologie et par la
morale, en même temps qu'il y apporte sa touche
particulière. Au moment où le livre paraît, deux
ouvrages font déjà autorité sur les phénomènes de
persécution et de souffrance au travail : *Mobbing. La
persécution au travail* de Heinz Leymann, psychologue du travail, professeur à l'université de Stock-
holm, publié en France en 1996 [5], et *Souffrance en
France. La banalisation de l'injustice sociale* [6] de

Christophe Dejours, psychiatre, psychanalyste, professeur au Conservatoire national des arts et métiers [7], publié en 1998, quelques mois avant *Le harcèlement moral*. *Mobbing* est devenu un best-seller en Allemagne et dans les pays nordiques et *Souffrance en France* connaît un succès non négligeable, constituant désormais une référence dans le milieu des psychologues et des médecins du travail.

Ces auteurs s'intéressent avant tout aux dimensions relationnelles dans le travail en accordant une place centrale à la subjectivité souffrante et en faisant intervenir explicitement la morale dans leur analyse ou leurs recommandations. Leurs livres sont représentatifs, chacun à leur manière, d'une nouvelle alliance entre psychologie et morale qui constitue un tournant dans l'abord du travail et des rapports sociaux.

### « *Psychoterreur* » et management

En matière de critique du harcèlement au travail, le livre de Heinz Leymann fait figure de pionnier et Marie-France Hirigoyen y fait allusion dans son propre ouvrage. Il est vrai que le *mobbing* ou « psychoterreur » sur le lieu de travail ressemble fort au harcèlement moral : « Un individu, écrit Heinz Leymann, est sélectionné entre tous, pris pour cible, marqué au fer rouge de l'exclusion. Il sera sans cesse agressé, persécuté, aussi longtemps qu'il le faudra. Par ses collègues de travail, par un supérieur hiérarchique, ou par un groupe de subordonnés. Sans que personne, absolument personne n'intervienne pour remettre de l'ordre dans les esprits. Un processus est déclenché, qui ne cessera de se renforcer, de se perpétuer et qui conduira la victime à la perte de son emploi, à la maladie, à l'invalidité. Si ce n'est au suicide » (pp. 7-8). La présentation de cas n'est pas non plus sans rappeler celle de *Harcèlement moral* : «Gertrude, ou du malheur d'être trop belle», «Maurice, ou les dangers du prosélytisme», «Marthe, profession : serveuse», «Frédéric, ou les risques de l'omniscience», «Sylvie, le prix du courage»... Heinz Leymann passe également en revue la tactique de l'agresseur et de l'entourage, en montrant comment la victime se trouve prise dans un processus destructeur.

Mais si ce livre semble bien avoir ainsi influencé l'auteur de *Harcèlement moral*, ses références et sa problématique n'en sont pas moins différentes. *Mobbing* n'aborde que des situations de travail et n'opère pas de rapprochements entre les couples, les familles et les entreprises. L'auteur s'appuie en fait sur l'observation et l'analyse de centaines de cas qu'il a traités personnellement dans le cadre d'une activité de conseil d'entreprise et de médiateur. S'y ajoutent une enquête effectuée en Suède, ainsi que des recherches menées par son équipe et des correspondants dans les pays germanophones. La démarche est psychosociologique et proche du management. Le *mobbing* n'est pas envisagé comme une relation duelle entre un individu pervers et sa victime, mais renvoie à une «situation psychosociologique» qui résulte des conditions d'organisation du travail. Le contraste avec l'approche de *Harcèlement moral* est manifeste. «Le *mobbing* est beaucoup plus un phénomène résultant des conditions de travail qu'un champ de règlement des conflits personnels » (p. 46). Les sources du *mobbing*, écrit-il encore, sont à rechercher dans les « structures sociales » et, plus précisément, dans l'organisation, la conception et la direction du travail. La défaillance dans ces domaines entraîne frustration et stress, compromet la cohésion du groupe de travail, et c'est dans cette situation que le processus de *mobbing* se met en place.

Heinz Leymann insiste particulièrement sur les procédures de médiation et de réhabilitation de la victime dans une optique « psychosociologique » et managériale qui déconcerte un lecteur peu habitué à cette façon de penser. L'auteur dresse un tableau des quarante-cinq agissements constitutifs du *mobbing* sous la forme d'une liste d'items, relève cinq situations typiques du *mobbing*, quatre phases de la psychoterreur, huit facteurs de résistance au *mobbing*... Le lecteur se trouve confronté à une somme de recommandations psychologiques, juridiques, sociales et professionnelles. Le vocabulaire psychosociologique, les typologies et les classements côtoient une morale de la bonne intention souvent déconcertante dans sa généralité et la gentillesse de ses recommandations. Celle-ci en appelle à des « relations plus humaines », une « collaboration facilitée » et une « meilleure qualité de vie au travail » (p. 223). Le livre se termine par une référence très managériale à l'éthique et à la morale : les « normes » et les « codes éthiques », avec leur longue liste de valeurs et de commandements, sont supposés pouvoir orienter dans le bon sens le comportement et les relations de tous les collaborateurs et faciliter la

réalisation des objectifs économiques de l'entreprise. Il est permis d'en douter. Mais ce livre n'en
sort pas moins du cadre psychologique étroit de
*Harcèlement moral* et oriente la réflexion et l'action
vers les problèmes d'organisation et de management. La responsabilité des directions et de l'encadrement est directement mise en question. Les
solutions ne sont pas avant tout d'ordre thérapeutique, mais elles proposent des changements concrets
dans le management et l'organisation du travail. Et
si l'auteur pense qu'une législation contre le *mobbing* est souhaitable, l'accent est mis sur la prévention. Le ton volontaire et tranché diffère de celui de
*Harcèlement moral* : « Il est toujours possible d'éviter un *mobbing*, ou de le désamorcer. [...] Le processus de marquage et de destruction systématique de
la victime est, en réalité, un problème de management » (pp. 8 et 161). Le discours s'adresse prioritai-
rement aux acteurs de l'entreprise, aux partenaires
sociaux et, plus particulièrement, aux directions en
vue de les convaincre qu'un bon environnement
social et psychique est une condition de la performance.

*La souffrance, le mal et la collaboration*

L'analyse psychologique et morale développée
par Christophe Dejours est bien différente. Elle est
centrée sur la « souffrance au travail » et s'affirme
dans le cadre de la psychodynamique du travail.
Apparue en France dans les années 1950 sous la
dénomination de psychopathologie du travail, cette

discipline a été fortement marquée, depuis une vingtaine d'années, par les travaux de Christophe Dejours portant sur l'identité et la souffrance au travail. La reconnaissance entre pairs du travail bien fait est soulignée comme étant constitutive de l'identité au travail. Cette reconnaissance implique des critères de «bien-faire» issus de l'expérience et débattus par les travailleurs en dehors de la seule prescription des tâches. La souffrance au travail trouve sa source dans la remise en question de cette dynamique de reconnaissance par les nouvelles formes d'organisation du travail, de gestion et de management. La psychodynamique du travail de Christophe Dejours va alors s'attacher à analyser les stratégies défensives individuelles et collectives pour «tenir» dans une telle situation : déni des risques encourus, repli sur le chacun pour soi, mise en avant de la virilité pour juguler la peur...

Dans son dernier livre, *Souffrance en France*, Christophe Dejours franchit un pas de plus en articulant ces analyses à une réflexion sur la «banalisation du mal». Ce livre place au centre le «vécu subjectif» et la «souffrance psychologique» au travail pour rendre compte de ce qui est présenté comme un vaste système d'injustice avec lequel, peu ou prou, chacun est amené à collaborer au sein des entreprises et de la société. Le dispositif d'ensemble de ce système décrit par l'auteur comporte trois «étages» : les «*leaders* de la doctrine néolibérale» (dont le profil psychologique est de type pervers ou paranoïaque), les «collaborateurs directs» aux structures mentales très diverses et qui adoptent des stratégies et des idéologies de défense et, enfin, la

« masse de ceux qui recourent à des stratégies de défense individuelles contre la peur »[8]. Dans les stratégies de défense, la virilité occupe une place décisive amenant parfois l'auteur à s'interroger d'une façon qui laisse pantois : « Le travail du mal serait-il aussi le travail du mâle ? Serait-ce la virilité dans le travail qui serait le verrou du travail du mal ? » (p. 123). La société paraît ainsi peuplée de « braves gens, dotés pourtant d'un sens moral », mais qui, néanmoins, « se font enrôler au service de l'injustice et du mal contre autrui » (p. 179). Et le tout fonctionne de façon unifiée par des « contenus stéréotypés de rationalisation qui sont mis à leur disposition par la stratégie de distorsion communicationnelle » (p. 158).

En fait, l'ensemble du dispositif d'encadrement est régi de part en part par la recherche d'une participation au « mal » qui devient désormais le thème clé de l'interprétation. L'auteur reprend la notion de « banalité du mal », mise en avant par Hannah Arendt[9], en lui faisant subir, comme il le dit lui-même, un « glissement sémantique » (p. 137). La « banalisation du mal », processus considéré comme un phénomène en soi, disjoint des finalités spécifiques des activités, permet de mettre en parallèle le « management par la menace » et les camps de concentration (p. 68), en considérant les massacres nazis et la participation aux licenciements comme relevant d'un même mécanisme. Christophe Dejours en arrive ainsi à considérer tout bonnement que la société dans laquelle nous vivons requiert des mécanismes d'adhésion, de collaboration et de consentement à l'injustice semblables à ceux du nazisme.

Entreprises et société forment un système qui fonctionne en mettant en œuvre des mécanismes de participation à un «mal» auquel il semble difficile
d'échapper.

Les nouvelles orientations de travail tracées à la
psychodynamique du travail mélangent ainsi la psychodynamique et la morale d'une curieuse façon :
«procéder systématiquement et rigoureusement à
la déconstruction de la distorsion communicationnelle dans les entreprises et les organisations»,
«travailler directement sur la déconstruction scientifique de la virilité comme mensonge», «s'aventurer dans ce qu'il faudra bien appeler l'*"éloge de la
peur"*, ou, au moins, dans la réhabilitation de la
réflexion sur la peur et sur la souffrance dans le travail», «reprendre la question éthique et philoso-
phique de ce que serait le courage débarrassé de la
virilité, en partant de l'analyse du courage féminin,
et de l'analyse des formes spécifiques de construction du courage chez les femmes» (pp. 168-169).
La psychodynamique du travail version Christophe
Dejours comporte, en fait, une ambition théorique
qui n'est pas mince : elle est la science qui se propose de mettre au jour la banalisation du mal et
cette recherche est considérée comme la condition
de la remobilisation sociale. Estimant que les syndicats et les partis de gauche n'ont pas saisi le «défi
politique de fond» lié aux thèmes de la subjectivité
dans le travail, laissant ainsi le champ libre au
patronat, il considère que la «priorité devrait être
accordée à l'analyse des ressorts psychologiques du
consentement à subir l'injustice ou à la faire subir,
afin que les travailleurs puissent se reconnaître

dans ce qui fait la souffrance de l'autre, condition nécessaire à toute mobilisation collective dans l'action[10] ».

Pour les partisans de Christophe Dejours, de telles analyses et orientations constituent comme un nouveau corps de doctrine aux dimensions tout à la fois scientifiques, morales, sociales et politiques. De quoi remplacer les grandes idéologies défuntes pour ceux qui n'en ont jamais fait leur deuil. La psychodynamique du travail chez Dejours érige un peu plus la psychologie en théorie d'avant-garde éclairant non seulement les victimes, mais une gauche mal en point. La « souffrance au travail » devient pour beaucoup un mot symbole, comme une nouvelle référence identitaire qui renvoie tout à la fois à la psychodynamique du travail, à la réflexion morale et à la lutte contre l'exploitation. Sachant que ces idées de Christophe Dejours sont couramment développées dans des formations de médecins et de psychologues du travail, on est en droit de s'interroger sur leurs effets dans l'abord des problèmes en entreprise.

## DÉBALLAGE ET CONFUSION

Après la parution de *Harcèlement moral*, Marie-France Hirigoyen reçoit des centaines de lettres de lecteurs qui la remercient et témoignent à leur tour du harcèlement qu'ils subissent dans leur vie de famille ou professionnelle. Une association contre

le harcèlement moral dans le couple se crée pour
apporter soutien et conseils par téléphone aux harcelés, mettre en place des «groupes de paroles et de
soutien» afin de «dédramatiser la situation et aider
à identifier les harceleurs ou harceleuses» [11]. En
juin 1999, la revue *Psychologies* consacre un dossier à la «violence morale» qui accorde une place
importante au harcèlement dans la sphère privée.
Mais c'est principalement le harcèlement au travail
qui retient l'attention. Le phénomène est d'autant
plus paradoxal que la partie sur le harcèlement en
entreprise dans le livre de Marie-France Hirigoyen
a été surtout voulue par la maison d'édition et n'occupe qu'un cinquième du livre. Les neuf cas relatés concernent le secteur administratif, le commerce,
la publicité et le conseil. Mais ce sont ces cas
concrets qui vont fonctionner comme un miroir. «À
sa sortie, raconte une avocate, des clients me télé-
phonaient et me disaient: "Ce livre, c'est moi" [12].»
Les courriers et les appels auprès des inspecteurs
du travail vont rapidement faire allusion au «harcèlement moral». Des patients viennent voir des
médecins du travail avec le livre sous le bras en
disant: «Docteur, pas besoin de vous expliquer
mon cas. Lisez les passages que j'ai surlignés, c'est
mon histoire [13]!»

## Les associations, le Net et les médias

Le livre va tout d'abord se faire connaître par le
bouche-à-oreille et se diffuser dans les milieux des
psychologues, des médecins du travail, des juristes

et chez les syndicalistes. Une pétition contre le harcèlement moral est lancée sur Internet, des associations de défense des victimes déjà existantes ou centrées sur la souffrance au travail reprennent à leur compte la notion de harcèlement moral, d'autres se créent spécifiquement autour de ce thème dans différentes villes. S'inspirant directement du livre de Marie-France Hirigoyen, elles veulent accueillir, écouter, conseiller et informer les personnes en difficulté. Elles mettent en place des permanences d'accueil et se mobilisent pour obtenir la reconnaissance du harcèlement moral comme délit. Certaines agissent surtout dans le domaine du conseil, de la prévention, de la formation, d'autres se présentent comme des associations de «victimes pour les victimes» et affichent les témoignages sur leur site Internet. C'est d'abord au sein de ces milieux et par ces réseaux que le livre se diffuse avant d'être repris par les médias.

En janvier 1999, *Le Nouvel Observateur* publie un premier dossier: «Ces collègues et patrons qui vous rendent fous». En février 2000, il récidive plus explicitement avec un gros titre en couverture: «Harcèlement moral: comment dire non». L'hebdomadaire annonce en même temps une enquête dans les entreprises avec l'émission «Envoyé spécial» de France 2 qui lui consacre un reportage: «Les salariés de la peur». Le harcèlement moral, peut-on lire dans *Le Nouvel Observateur*, est devenu le «mot étendard de la souffrance psychologique au travail: la devise de la riposte». Le ton du dossier est volontiers justicier: «Pour que les centaines de milliers de victimes de la "psychoterreur" ne

se claquemurent plus. Pour qu'elles contre-atta-
quent. Qu'elles demandent des comptes aux "social
killers"...» Le dossier passe en revue les techniques
et les procédures du harcèlement moral «pour que
ceux qui trinquent encore ne subissent plus. Pour
qu'ils sortent de l'épreuve la tête haute. Réhabilités».
En juin 2000, le mensuel *Rebondir*[14] lance à son tour
sa campagne: «Harcèlement moral, ripostez!» en
invitant à «harceler les harceleurs». De multiples
conseils sont fournis sur les attitudes à adopter:
«N'agissez pas de manière impulsive et prenez le
temps de réfléchir à ce qui vous arrive», «ne vous
lancez pas dans la bagarre seul, vous êtes pratiquement sûr d'échouer», «accumulez les preuves et
témoignages», «relevez toutes les erreurs, manque-
ments au Code du travail et autres écarts de votre
harceleur, bref adoptez la tactique du "chercheur de
poux"»[15]... Juristes et avocats sont mis à contribution. On indique les procédures juridiques à entamer,
les modèles de lettres recommandées à adresser à la
direction, à l'inspection du travail, mais aussi en vue
d'une requête au tribunal administratif, d'une plainte
auprès du procureur de la République. Le journal
lance en même temps une campagne de signatures
pour que l'«Assemblée nationale légifère et qu'une
loi définissant et sanctionnant le harcèlement moral
soit rapidement votée, dans le prolongement naturel
de celle concernant le harcèlement sexuel[16]». Six
députés (trois de droite et trois de gauche) ont signé
l'appel et les lecteurs sont invités à faire comme eux.
L'éditorial du magazine est net et sans appel: «Quand
une méthode est immorale, elle mérite de devenir
illégale[17].»

Par un effet boule de neige, l'ensemble de la presse se penche sur le harcèlement moral et lui consacre de nombreux articles. La plupart des journaux développent le même schéma : référence au livre de Marie-France Hirigoyen, témoignages de victimes et conseils divers avec adresses d'associations. Les cas relatés dans les journaux sont souvent poignants et rejoignent ceux du livre de Marie-France Hirigoyen. La situation vécue est décrite comme un «enfer», un «calvaire», un «long supplice» et les effets semblables : nausée avant d'aller au travail, angoisse, «peur au ventre», insomnies, troubles digestifs, dépression, voire tentatives de suicide... Les mots employés sont les mêmes : «pression», «mépris», «humiliation», «brimades», propos agressifs et injurieux, allusions ordurières à la vie privée, «mise à l'écart», «mise au placard», «bouc émissaire»... Comment mettre en doute la parole des victimes et rester insensible à leur douleur ? Le lecteur n'a d'autre choix que celui de compatir en silence. Les situations et les témoignages sont publiés tels quels, sans l'ombre d'un recul réflexif ou de la prise en considération d'un autre point de vue que celui de la victime. L'identification émotionnelle du lecteur peut jouer à plein.

L'«écoute de la souffrance» devient un maître mot. La litanie des victimes appelées par leur prénom s'étale dans les journaux qui se lancent dans une sorte de concurrence pour publier les situations et les témoignages des «harcelés» qui font sensation. Les cas sont divers, mais la catégorie de harcèlement moral fédère le tout. «Les victimes parlent», «un voile est enfin levé», c'est la «fin d'un nouveau

tabou »…, ces formules reviennent dans les différents médias qui semblent faire œuvre de libération.
La lutte contre le « harcèlement moral » rejoint celle
contre le harcèlement sexuel, les viols, la pédophi-
lie… dans la volonté de transparence et de justice.
La formule « harcèlement moral » libère : « Elle auto-
rise maintenant une foule d'hommes et de femmes
amochés par la "psychoterreur", "parfois réduits à
l'état de zombies", confie un médecin du travail, à
relever un peu la tête. À faire face. À demander des
comptes [18]. » Et les victimes peuvent d'autant plus se
déculpabiliser que le phénomène est devenu médiatique.

Les témoignages publiés dans les journaux rejoignent l'expression débridée de la subjectivité qui
s'étale dans nombre d'émissions de radio et de télévision. Les témoignages se font écho les uns aux
autres, formant comme une longue plainte qui
semble émaner d'une société tout entière souffrante
et victime. Les victimes se parlent et parlent aux
autres dans un jeu de miroirs mortifère qui paraît
sans fin. Elles exposent publiquement leur souffrance en voulant être écoutées et reconnues, en
même temps qu'elles dénoncent et exigent réparation. L'expression de la souffrance rencontre la
compassion associative et médiatique, et, par une
sorte d'imitation contaminante, nombreux sont ceux
qui peuvent se sentir aussi des victimes, sachant
désormais que l'expression de leur souffrance est
valorisée socialement. Les associations, Internet
et les médias jouent le rôle d'amplificateur et de
relance en s'adressant à l'État pour qu'il légifère au
plus vite.

En un an, le «harcèlement moral» est devenu l'emblème d'un mal-être qui paraît concerner l'ensemble de la société. L'année 2000 marque un point culminant. le parti communiste prépare un projet de loi sur le harcèlement, les réunions et colloques se multiplient, des avocats du travail et des psychologues se spécialisent dans ce domaine, de nouveaux livres paraissent... Le harcèlement moral est devenu un créneau porteur pour de nombreux thérapeutes et juristes qui peuvent se faire un nom et quelque argent. Les associations de victimes elles-mêmes se disputent le monopole et le label du harcèlement, faisant tout pour être reconnues comme des partenaires privilégiés des pouvoirs publics et obtenir des subventions. Pour les promoteurs du «harcèlement moral», ce succès inattendu est venu confirmer l'ampleur du phénomène. Mais de quoi, au juste, parle-t-on?

*Une notion fourre-tout*

Le «harcèlement moral» est vite devenu une expression fourre-tout. Les médias s'appuient sur la «parole de la victime» comme garante des faits relatés et ne fournissent guère de définition précise du harcèlement. Dans ce vaste panorama médiatique, des comportements ignobles côtoient des attitudes qui pourraient relever d'une surcharge de travail ou de maladresses du management, ou encore de directives liées au fonctionnement, somme toute banal, de l'entreprise. Le harcèlement est devenu le symptôme d'un malaise multiforme au sein des entreprises et des services publics dont il est difficile de distinguer les différents éléments. Des méthodes managériales peu reluisantes sont vite qualifiées de harcèlement : discriminations à l'embauche, surveillance des salariés et des représentants syndicaux, pressions pour acculer les salariés à la faute professionnelle et leur faire sentir qu'ils sont devenus indésirables, notamment lors des fusions et restructurations... Mais ces méthodes, pour condamnables qu'elles soient, ne sont pas ramenables à la relation d'un agresseur pervers et de sa victime. Loin de se complaire dans une relation destructrice, elles cherchent au contraire à se débarrasser des salariés au plus vite.

Le harcèlement moral est également devenu synonyme de pression, d'intensification du travail, de dégradation des conditions de travail... et le stress considéré comme une de ses preuves manifestes. Dans ces conditions, comment faire clairement la différence entre l'agresseur et l'agressé ? Quand l'entreprise est en mauvaise posture ou doit fermer, le harceleur désigné ne manquera pas de faire valoir qu'il subit lui-même une pression « harcelante » de sa direction. Il peut être aussi plus simplement un mauvais gestionnaire ou un relais servile de sa propre hiérarchie, elle-même sous pression. Le problème se complique encore du fait qu'une bonne partie des cas dits de harcèlement n'émanent pas des directions et des hiérarchies, mais de collègues et de clients... Qui est le bourreau et qui est la victime dans cette dénonciation sans fin ? Finalement, chacun n'est-il pas amené, à un moment ou à un autre, à harceler son voisin ?

La dénonciation peut vite se retourner contre les dénonciateurs. Et les dirigeants, agresseurs réels ou supposés, peuvent se penser à leur tour comme harcelés par des salariés tire-au-flanc. Des patrons n'ont pas manqué, du reste, de le faire savoir en retournant la question : «Qui harcèle qui?» : «Quand on demande trois fois par jour à un collaborateur de faire quelque chose qu'il n'a pas fait, on le "harcèle"[19].» Et de se poser à leur tour en victimes du harcèlement... des grèves, des salariés vindicatifs et des syndicats : «On ne compte plus les chefs d'entreprise atteints de dépression nerveuse, malades de stress, isolés et impuissants face à une meute revendicatrice. [...] Qui dira l'épuisement psychologique du patron victime de tracts syndicaux, nommément désigné, parfois diffamé, accusé de toute la misère de l'entreprise?» Dans cette même logique patronale, on n'hésitera pas à parler de «harcèlement» de l'administration, des contrôles Ursaff et fiscaux, et de toute forme d'intervention étatique...

Parmi les syndicalistes, les termes «harcèlement moral» suscitent encore la méfiance et l'on en fait usage avec précaution. La notion, déclare un responsable de la CFDT, est devenue un «mot-valise» qui amalgame toutes sortes de situations[20]. Mais dans le même temps, au terme de sa propre enquête, la CFDT n'en dégage pas moins «trois types de situations relevant du "harcèlement moral"» : le management par le stress érigé en politique d'entreprise, la déficience du management, et le «harcèlement horizontal» entre personnes de même niveau hiérarchique ou au sein d'une équipe. Dans *Le Guide d'élu d'entreprise*, «*Contre le harcèlement moral au travail*[21]», la CFDT établit une typologie des situations de harcèlement moral au travail et dresse une liste détaillée de ses agissements constitutifs. Le harcèlement moral n'est pas seulement un mot-valise, c'est aussi un mot collant dont on ne se débarrasse pas si facilement. Comme le bout de sparadrap du capitaine Haddock dans un livre d'Hergé, il colle toujours au bout des doigts ou alors on le repasse à son voisin avant qu'il ne vous revienne.

À dire vrai, les syndicats sentent bien qu'ils ont affaire à un phénomène qu'ils ne parviennent pas à intégrer dans leurs schèmes de pensée et d'action. Ils n'ont pas été les initiateurs de la critique et la mobilisation autour de ce thème leur a échappé largement. Leur embarras est manifeste. Peu habitués à recevoir et à traiter des cas dits de harcèlement, les syndicalistes se sont trouvés bousculés, ne sachant trop quoi faire. Le syndicaliste ne se doit-il pas, lui aussi, d'«accueillir et écouter la souffrance»? Et s'il ne peut se substituer au thérapeute, ne doit-il pas désormais apprendre à travailler avec lui? Les questions posées par l'UGICT-CGT marquent bien cette difficulté : «Comment accueillir les victimes qui ont un fort besoin d'écoute? Et comment procéder pour que cet accueil et cette écoute débouchent sur l'action syndicale?» Les réponses à ces questions sont loin d'être évidentes. L'accueil des victimes suppose un doigté et une compétence que n'a pas nécessairement le militant. La CGT affirme la nécessité de «reconstruire du collectif à partir d'un temps d'action qui est un temps de déculpabilisation par la socialisation de la parole[22]». Mais le «harcèlement moral» ne s'y prête pas forcément.

Les réunions collectives organisées autour du harcèlement donnent souvent lieu à une prise de parole
des victimes difficilement maîtrisables et récusables.
L'expression débridée de la souffrance a tendance
à se clore sur elle-même et rend difficile tout discours sur les causes «objectives» et la nécessité
d'une riposte collective. Comment éviter une «victimisation» qui, loin de déboucher sur l'action syndicale, développe un climat délétère ?

La notion de harcèlement moral se prête d'autant mieux à de multiples usages qu'elle est floue et
globalisante. Elle peut servir d'argument d'autorité
dans les débats en se situant toujours du bon côté
(celui de la victime) et en culpabilisant tout contradicteur. Elle fournit à bon compte une explication
simple à de multiples conflits et présente l'avantage
de renvoyer toute contradiction à une dimension
psychologique cachée dont seuls les spécialistes ou
les initiés ont connaissance. Bien plus, cette notion
centrée sur la relation duelle peut constituer un
nouvel espace pour la perversion au nom même de
la lutte contre le harcèlement. Il n'est pas besoin
d'être grand psychologue pour penser qu'il est de
la nature de la perversion de s'avancer masquée et
qu'un mode de raisonnement paranoïaque trouve
là un terrain de délectation. Dans cette logique, le
«harcèlement moral» peut paraître sans fin en étant
alimenté par la problématique même de sa critique
qui tend à résumer la question à une relation de
face-à-face et place le problème sur un plan moral
et victimaire. La créatrice de cette notion s'en est
du reste rapidement rendu compte quand elle a vu
affluer dans son cabinet des individus dont les res-

sorts psychologiques cadraient mal avec celui de l'innocente victime dont il fallait écouter la souffrance et faire prévaloir les droits. Une fois lancée dans l'espace public, la notion de harcèlement moral est vite devenue immaîtrisable, au grand dam de Marie-France Hirigoyen, qui multiplie les interviews et les interventions pour tenter de clarifier les choses. Mais au-delà du brouillage médiatique, n'est-ce pas la notion même qui est en question ?

## Comment « démêler le vrai du faux » ?

Deux ans après *Le harcèlement moral*, devenu un best-seller, Marie-France Hirigoyen publie un second livre centré cette fois sur le travail : *Malaise dans le travail*, au sous-titre explicite : *Harcèlement moral : démêler le vrai du faux* [23]. Ce second livre ne connaîtra pas le succès du premier, tout en parvenant à une diffusion qui sort de l'ordinaire (31 000 exemplaires vendus en 2002 et des traductions en cours). Face à la confusion, Marie-France Hirigoyen veut « rester très rigoureuse sur le terme "harcèlement moral" pour éviter les amalgames », « distinguer ce qui est du harcèlement moral de ce qui n'en est pas », « repérer les plaintes abusives » (p. 6). Pour cela, elle s'appuie sur de nouveaux cas cliniques et sur les 193 réponses exploitables au questionnaire qu'elle a envoyé à 350 lecteurs qui lui avaient adressé leurs témoignages. L'auteur rappelle une donnée de base essentielle quelque peu passée sous silence dans la dénonciation du harcèlement : l'existence de contraintes professionnelles et

de pressions légitimes de l'encadrement. Elle prend
également soin de distinguer le harcèlement moral
du stress, de la pression au travail, de la maltraitance managériale, du conflit ouvert ou de la simple
mésentente. Et de rappeler de façon systématique
les traits principaux qui, selon elle, spécifient le phénomène : répétition et durée de l'agression, caractère
occulte du processus, volonté de nuire et atteinte à
la dignité de la personne. La prise de position morale
est réaffirmée sans ambiguïté : « Il s'agit effectivement de bien et de mal, de ce qui se fait et de ce qui
ne se fait pas, de ce qu'on estime acceptable dans
notre société et de ce qu'on refuse » (p. 11). Enfin, si
une loi contre le harcèlement lui paraît nécessaire,
Marie-France Hirigoyen met en garde contre les
déviations possibles : un pervers peut toujours accu-
ser celui qu'il veut disqualifier et il importe de respecter la présomption d'innocence. L'accent est
avant tout porté sur la prévention collective et la
médiation au sein des entreprises et des administrations : formation de l'encadrement et de spécialistes, conférences et réunions d'information et de
sensibilisation, rédaction d'une charte sociale regrou-
pant les dispositions concernant le harcèlement
moral, le harcèlement sexuel et les discriminations...

Dans la prise en compte des situations de travail
et dans les solutions préconisées, ce livre se rap-
proche du *Mobbing* de Heinz Leymann. Il marque
une nouvelle étape dans l'interprétation, mais la
cohérence avec ce qui a été écrit dans le premier
ouvrage ne va pas de soi. Après avoir dressé un
tableau fort détaillé de l'agresseur et de l'agressé
dans *Le harcèlement moral*, Marie-France Hiri-

goyen insiste plus particulièrement cette fois sur les erreurs à éviter : «Il ne faudrait pas séparer le monde en deux avec d'un côté les méchants pervers et de l'autre les victimes innocentes. Même sans malveillance, nous pouvons tous, dans certains contextes, face à certaines personnes avoir des attitudes perverses. Ce qui pose problème, ce n'est pas l'individu lui-même, mais un certain type de comportements qu'il faut dénoncer» (p. 203). En fait, nous dit-elle, il existe de fausses victimes qui sont elles-mêmes perverses, la différence entre la vraie et la fausse pouvant se reconnaître à la «tonalité générale de la plainte» : alors que les vraies victimes s'interrogent, doutent, cherchent à sortir de leur malheur, les fausses victimes perverses n'ont nul questionnement sur elles-mêmes et se complaisent dans une position victimaire. Il ne faut donc pas se fier trop vite aux apparences. Ce qui extérieurement peut ressembler à du harcèlement moral n'en est pas forcément. Ainsi les petits chefs stressés, les névrosés anxieux, les «dirigeants caractériels», les «personnalités obsessionnelles»... sont destructeurs sans avoir forcément la volonté de nuire. Quant aux «individus narcissiques», ils n'ont pas de façon répétée des comportements pervers, mais ils peuvent néanmoins déraper si le contexte s'y prête. Au bout du compte, le harcèlement moral est spécifiquement le fait d'«agresseurs malveillants». À la lecture de ce second livre, ces derniers semblent plus difficiles à repérer et finalement moins nombreux que le premier l'a laissé supposer. Les descriptions faites sont si méticuleuses qu'on se dit qu'il faut vraiment être un spécialiste pour pouvoir identifier clairement le phénomène, et les précisions multiples qui s'ajoutent tout au long des pages n'aident pas vraiment le lecteur à s'y retrouver. Les caractéristiques du harcèlement moral, souligne-t-elle, ont trait au refus de la différence, à la peur, à l'isolement, à la perte de sens... L'auteur distingue également le harcèlement «vertical descendant» (venant de la hiérarchie), horizontal (venant des collègues), mixte (hiérarchie et collègues), ascendant (venant d'un ou de plusieurs subordonnés). Elle dresse une liste de quarante-cinq agissements hostiles sous forme d'items qui vont des «atteintes aux conditions de travail» (17 agissements recensés) à la «violence verbale, physique ou sexuelle» (8), en passant par l'«isolement et le refus de la communication» (9) et l'«atteinte à la dignité» (11) (pp. 88-89). De quoi fournir aux victimes des repères pour s'y retrouver? À force de vouloir se démarquer des dérives et d'introduire de multiples précisions, *Malaise dans le travail* donne l'impression d'une sorte de louvoiement, comme si l'auteur voulait signifier qu'on l'a mal comprise, tout en ne reconnaissant pas clairement que son premier livre prête à malentendus.

Loin de dissiper l'équivoque, ce second livre touffu a plutôt tendance à la renforcer en rendant la notion de harcèlement moral encore un peu plus élastique et englobante. Après avoir centré la question du harcèlement moral sur une relation perverse, Marie-France Hirigoyen explore désormais les «franges» du harcèlement moral qui, indique-t-elle, doivent permettre de dépasser la «dialectique trop réductrice du bourreau et de la victime, en tenant compte du contexte» (p. 6). La définition donnée est désormais centrée sur le travail : «Le harcèlement moral au travail se définit comme toute conduite abusive (geste, parole, comportement, attitude...) qui porte atteinte, par sa répétition ou sa systématisation, à la dignité ou à l'intégrité psychique ou physique d'une personne, mettant en péril l'emploi de celle-ci ou dégradant le climat de travail» (p. 13). Le «harcèlement moral» apparaît décidément comme une notion difficilement saisissable, oscillant sans cesse entre des menus détails et des formulations très générales qui ouvrent un large champ d'application.

*Une nouvelle approche du travail en entreprise*

Le thème du harcèlement moral opère en fait un changement dans l'abord des problèmes en entreprise plus important qu'il n'y paraît. Les situations de travail en entreprise sont habituellement analysées en termes de facteurs «objectifs» et de processus (technologiques, économiques, sociaux...) dont on s'efforce d'analyser la logique et les effets (bénéfiques ou non) pour ceux qui travaillent. Dans la problématique du harcèlement, la conduite individuelle est désormais première. Elle est analysée psychologiquement et jugée moralement bonne ou perverse, les facteurs objectifs ayant désormais le statut de «contexte» ou d'«instruments» au service d'une intentionnalité. Envisagées comme résultant d'une intention malveillante, rangées dans la catégorie des «agissements hostiles», la dégradation des conditions et des rapports de travail, la charge et l'intensification du travail... peuvent alors être mises sur le même plan que la «violence physique ou sexuelle» ou l'«atteinte à la dignité».

En termes de références, la souffrance individuelle relaie l'exploitation et l'aliénation des travailleurs, la psychologie et la morale prédominent sur l'analyse économique et sociale, et le changement des mentalités se substitue au changement de société. Les anciens schémas d'appartenance et d'action collective sont éludés. Là où primait l'appartenance en termes de classe, de profession ou de collectif de travail, l'individu est une référence première et sa souffrance subjective devient le levier d'une action morale. Le conflit change pareillement de statut. Il ne met plus aux prises des catégories professionnelles et sociales particulières aux intérêts différents ou contradictoires, mais des individus aux bonnes ou aux mauvaises intentions et conduites. Dans la problématique du harcèlement, le conflit a, si l'on peut dire, une fonction de prévention et des vertus thérapeutiques pour la santé mentale : il permet d'évacuer le stress et les frustrations, de mettre en commun ses difficultés et d'en parler, rétablissant l'équilibre au sein du collectif et évitant l'apparition des phénomènes de harcèlement. Le conflit joue ainsi le rôle préventif permettant de faire apparaître le non-dit et de réguler le collectif. Et pour qu'il en soit ainsi, l'intervention d'une nouvelle catégorie de médiateurs-thérapeutes dans les entreprises est indispensable. Thérapie, management et formation se rejoignent dans la lutte contre le harcèlement. Il est du reste frappant de constater dans toute une littérature du conseil en entreprise le mélange de plus en plus fréquent d'un vocabulaire clinique, d'un jargon issu du milieu des formateurs, avec un langage managérial et un style très militant.

Ce qui se trouve en jeu, c'est la place qu'occupent ces spécialistes et ces associations qui se disputent le créneau de la « souffrance au travail » dans l'entreprise : ils tendent, de fait, à jouer un rôle de médiation que des syndicats affaiblis et absorbés dans des logiques institutionnelles assurent tant bien que mal. Certains militants de ces associations ne sont d'ailleurs pas loin de penser que les syndicats ont fait leur temps ou qu'ils sont si mal en point qu'ils devraient tout bonnement changer leur mentalité, se centrer sur la « souffrance au travail » et former leurs militants en conséquence. La notion de harcèlement moral est ainsi à la fois le symptôme et le vecteur de la pénétration de nouveaux modes de pensée et d'action dans les milieux professionnels et plus largement. La subjectivité souffrante, qui antérieurement demeurait dans l'espace privé ou feutré des cabinets de thérapeutes, devient l'instrument public d'un militantisme thérapeutique et médiatique qui somme l'État d'agir au plus vite par la loi.

# CHAPITRE VI

# QUE VEUT DIRE
# LE HARCÈLEMENT MORAL ?

## II

*Vers un nouvel imaginaire
des rapports sociaux**

### UNE LOI DÉCONCERTANTE

La pression exercée par les associations et les médias, comme on l'a mis en évidence, va se trouver relayée par le parti communiste qui entend imprimer sa marque dans le débat. En juin 1999, à l'Assemblée nationale, le député communiste du Nord Georges Hage interpelle Martine Aubry, ministre de l'Emploi et de la Solidarité. Il dénonce les pratiques patronales développées à l'usine Daewoo installée en Lorraine, annonce qu'il prépare une proposition de loi sur le harcèlement moral en demandant de l'inclure dans le projet de loi sur la modernisation sociale. Martine Aubry se déclare *a priori* favorable. En décembre 1999, la proposition de loi est déposée par le groupe communiste. Un an plus tard, en janvier 2001, l'Assemblée nationale adopte en première lecture le projet de loi sur la modernisation sociale dont l'un des articles traite du harcèlement

* *Le Débat*, nº 124, mars-avril 2003.

moral. À la demande du Premier ministre, le Conseil économique et social (CES) est sollicité pour émettre un avis avant la deuxième lecture. Un nouveau texte est présenté par le gouvernement en deuxième lecture à l'Assemblée nationale et adopté en décembre 2001.

Les nouvelles considérations et formulations qui ressortent des débats viennent confirmer la grande élasticité de cette notion. Au terme d'un parcours qui dure deux ans, l'inscription du harcèlement moral dans la loi légitime une notion qui, depuis la parution du premier livre de Marie-France Hirigoyen, a donné lieu à des définitions variées qui, en voulant délimiter le phénomène, l'ont au contraire à chaque fois un peu plus élargi. Tel n'est pas le moindre des paradoxes : le harcèlement moral, qu'on a le plus grand mal à définir, est désormais un délit puni d'un an d'emprisonnement et de 15 000 € d'amende [1]. Comment a-t-on pu en arriver là ?

*Un « vide juridique » ?*

Pour faire valoir leur point de vue, les partisans d'une législation affirment alors comme une évidence à la fois l'ampleur du phénomène et l'insuffisance, voire « le vide juridique » existant en matière de harcèlement. L'argument est mal fondé. De nombreuses dispositions légales peuvent en effet s'appliquer aux faits dits de harcèlement moral. Le droit pénal ne manque pas de dispositions relatives aux atteintes à la dignité de la personne, aux agressions verbales, aux menaces et aux violences psychologiques [2]. En droit civil, l'employeur peut être condamné pour mauvaise foi dans l'exécution du contrat de travail[3] et il existe une jurisprudence importante concernant la loyauté contractuelle. Le droit du travail ne manque pas non plus de ressources contre le harcèlement. Le contrat de travail inclut la notion de subordination : le salarié est soumis aux directives et au contrôle de son employeur dans le cadre de sa prestation de travail. Mais ces directives et ce contrôle ne peuvent pour autant déroger aux libertés fondamentales et aux lois générales. Enfin, les décisions rendues par les cours d'appel et la Cour de cassation prennent en compte des comportements pouvant être rapprochés du harcèlement moral.

Au sein des entreprises, les syndicats qui, dans leur définition même, ont pour objet «l'étude et la défense des intérêts matériels et moraux» des salariés peuvent agir et le CHSCT (Comité hygiène, sécurité et conditions de travail) a la possibilité de faire appel à un expert agréé lorsque existe un risque grave pour les salariés. Le harcèlement peut, du reste, être considéré comme une atteinte à la santé du travailleur selon la définition de l'Organisation internationale du travail (OIT) qui prend en compte la dimension psychologique («santé physique et morale»), l'employeur étant obligé selon le droit du travail de «prendre les mesures nécessaires pour assurer la sécurité et protéger la santé des travailleurs[4]». Enfin, les délégués du personnel peuvent saisir l'inspection du travail ou le parquet, transmettre un dossier au bureau des juges des prud'hommes en cas de faits graves. Il existe donc un appareillage juridique et des moyens de défense des

salariés contre des comportements dits de harcèlement moral, même si l'on indique que dans ce cas
les preuves sont difficiles à rassembler.

Les raisons qui ont amené à légiférer sont en fait
d'un autre ordre que celui du «vide juridique» supposé. L'introduction dans la loi d'une notion aussi
floue et controversée que le «harcèlement moral»
résulte d'une curieuse alchimie et de compromis au
sein de la «gauche plurielle». On y retrouve ses différentes composantes dans un mélange qui allie la
thérapie et la morale, la lutte de classes et l'opportunisme gouvernemental.

### VICTIMOLOGIE, LUTTE DE CLASSES ET OPPORTUNISME

Thérapeutes et associations de défense des victimes relayés par les médias font valoir un rapport
bien particulier à la loi. L'inscription du «harcèlement moral» dans la législation est faite pour venir
au secours de la victime en «nommant sa souffrance» et en la reconnaissant comme victime ayant
des droits. La loi est considérée comme un élément
d'un processus thérapeutique global qui passe par
la déculpabilisation de la victime, la verbalisation
de ce qu'elle a vécu (pouvant s'accompagner d'un
témoignage public) et le recours en justice contre le
harceleur. Sur le plan psychologique, un jugement
positif reconnaissant la réalité de l'agression est
considéré comme une étape essentielle dans le processus de guérison. Le recours à la dimension sym-

bolique du tiers que représente la loi est ainsi envisagé comme l'instrument nécessaire permettant à l'individu de se décharger du poids d'une culpabilité inconsciente, de se désengager d'une relation duelle destructrice et de se « reconstruire ». Cette référence au tiers semble s'inscrire dans une conception traditionnelle de la justice alors qu'elle la subvertit de l'intérieur en déplaçant le centre de gravité vers l'individu souffrant et en faisant du tiers neutre un instrument à son service. Le droit n'est plus considéré comme une référence qui symbolise la prééminence d'un ordre commun sur les désirs individuels, mais l'instrument qui permet de se faire reconnaître comme victime et d'exiger réparation. Psychologisation et instrumentalisation de la loi vont de pair, thérapeutes et juristes spécialisés accompagnant et encadrant ce processus. Loin de réaffirmer la prééminence d'un ordre collectif dont la transgression est sanctionnée par la loi, la notion de « harcèlement moral » psychologise et instrumentalise un peu plus la justice.

Cette approche nouvelle se retrouve mêlée à celle, plus traditionnelle, de l'exploitation et de la lutte collective contre le capitalisme. L'exposé des motifs de la proposition de loi du groupe communiste se réfère d'abord à la souffrance du travailleur « injustifiable au regard de la dignité humaine ; souffrance dont l'ampleur et l'intensité s'accentuent au fil des années ». Et d'indiquer : « Une législation spécifique est devenue une nécessité ; la reconnaissance de leur souffrance ainsi que les moyens d'obtenir réparation devant la justice pour les préjudices subis apparaissant d'ailleurs comme des facteurs de gué-

rison⁵.» Cette dimension est aussitôt relayée par la
référence plus traditionnelle à l'exploitation des travailleurs et au despotisme patronal. Le harcèlement
moral se trouve alors lié aux licenciements, au chômage massif et durable, à la mise en concurrence
systématique des salariés, à la violence associée à
l'exploitation : «La crise nouvelle du capitalisme
engendre elle-même dans la société une dérive faite
d'exclusion, d'inégalités et d'injustices, qui provoque
un climat pénétré d'agressivité. Lequel aggrave à son
tour les relations dans les milieux professionnels.»
La loi est ainsi un instrument tout à la fois thérapeutique et militant, qui permet d'aider à la guérison de
la victime et de lutter contre le capitalisme. Cette
alliance incongrue entre thérapie et lutte de classes
va trouver un écho au sein d'une gauche en mal
d'identité et de repères structurants.

## L'insaisissable harcèlement

Institutions et hommes politiques vont se trouver
confrontés à leur tour à des problèmes de définition,
les méandres du débat parlementaire témoignant,
une fois de plus, de la difficulté à cerner de quoi il
est question. Le député communiste du Nord Georges
Hage, à l'initiative de la proposition de loi de
décembre 1999, donne une définition succincte du
harcèlement moral qui rompt avec l'approche psychologique : «dégradation délibérée des conditions
de travail». Une telle définition élargie renverse
du même coup l'approche initiale de Marie-France
Hirigoyen et fait des conditions de travail une notion

très englobante. En essayant à tout prix de faire
tenir ensemble harcèlement moral et conditions de
travail, le propos devient vite filandreux : « Ce sont
les conditions dans lesquelles le salarié exécute sa
prestation de travail qui caractérisent le harcèlement
moral. La notion de conditions de travail recouvre,
en effet, l'ensemble des circonstances qui entourent
l'exécution de la prestation de travail. La répétition
de petites vexations ou brimades, au même titre que
des mutations ou encore des privations de travail,
relève des conditions de travail. Par conséquent,
quel qu'en soit l'auteur, quels que soient les moyens
utilisés, le harcèlement moral se traduit toujours
par une dégradation des conditions de travail[6]. »
Comprenne qui pourra.

Pour tenter d'y voir plus clair, psychologues,
experts, représentants des associations sont consul-
tés. Colloques et réunions se succèdent, et les services du ministère de l'Emploi et de la Solidarité, la
Commission consultative des droits de l'homme
sont mis à contribution. La clarification attendue ne
va pas de soi. Dans son avis du 29 juin 2000, la Commission distingue trois formes de harcèlement : un
« harcèlement institutionnel » lié à la stratégie de
gestion de l'ensemble du personnel, un « harcèlement professionnel » (destiné à contourner les procédures légales de licenciement), un « harcèlement
individuel » (« dans un but purement gratuit de destruction d'autrui et de valorisation de son propre
pouvoir »). Tout en indiquant que le phénomène est
« complexe », elle n'en donne pas moins à son tour
une définition des plus larges : « Il s'agit de vexations, de mises à l'écart, de menaces, de contraintes,

de pressions de toute nature, systématiques et répé-
tées, de mesures d'organisation du travail portant
atteinte ou provoquant une dégradation des conditions de travail[7].» Et la Commission nationale consultative des droits de l'homme de demander l'intervention du législateur pour, entre autres, «définir le
harcèlement moral».

Il faut attendre janvier 2001 pour que l'Assemblée adopte un amendement du parti communiste
qui inscrit le harcèlement moral dans le Code du
travail. Mais la définition qui est alors retenue par
le gouvernement n'est pas celle du parti communiste. Elle stipule en effet qu'«aucun salarié ne doit
subir des agissements répétés de harcèlement moral
d'un employeur, de son représentant ou de toute
personne abusant de l'autorité que lui confèrent ses
fonctions, qui ont pour objet ou pour effet de porter
atteinte à sa dignité et de créer des conditions de
travail humiliantes ou dégradantes». Sur le modèle
du texte sur le harcèlement sexuel, ces dispositions
de la loi définissent le harcèlement moral dans le
seul cadre d'un lien d'autorité, les textes réprimant
l'auteur du harcèlement quand celui-ci a une position hiérarchique par rapport à la victime.

Cette nouvelle formulation n'a pas manqué de
susciter la critique : qu'en est-il du harcèlement
«horizontal» entre salariés? Pourquoi les services
publics ne sont-ils pas concernés? Quel lien avec
l'organisation du travail?... Face à un «phénomène
d'une très grande complexité[8]», le gouvernement
est gêné et, à la demande du Premier ministre, le
Conseil économique et social est sollicité pour émettre
un avis avant la deuxième lecture. Celle-ci intervien-

dra onze mois plus tard et, entre-temps, la définition du harcèlement moral aura encore changé.

L'avis du Conseil économique et social d'avril 2001 se veut équilibré, mais il n'en finit pas moins par avancer à son tour une nouvelle définition du harcèlement moral. Au terme d'un long exposé qui veut rendre compte de l'ensemble des aspects cliniques du harcèlement moral et de l'évolution du travail depuis le XIXᵉ siècle, il en arrive à la définition suivante : « Constituent un harcèlement moral au travail tous agissements répétés visant à dégrader les conditions humaines, relationnelles, matérielles de travail d'une ou plusieurs victimes, de nature à porter atteinte à leurs droits et leur dignité, pouvant altérer gravement leur état de santé et compromettre leur avenir professionnel[9]. » Cette définition s'applique aux entreprises privées comme à l'ensemble du secteur public. Elle rompt avec la restriction du texte de loi adopté en première lecture qui, dans la lignée de la définition juridique du « harcèlement sexuel », faisait de l'« abus d'autorité » une condition du harcèlement moral. Elle veut prendre en compte l'ensemble des situations de harcèlement moral au travail : « harcèlement vertical » (ascendant ou descendant), « harcèlement personnel, professionnel et institutionnel », selon l'approche de la Commission consultative des droits de l'homme.

Cette synthèse est pour le moins paradoxale. L'avis du Conseil souligne le danger de réduire les problèmes rencontrés dans le travail à une dimension interindividuelle, les risques d'une « psychiatrisation excessive » et d'une « juridicisation » des relations de travail. Il réaffirme l'«aspect collectif indissociable de la réalité du travail», la nécessité de relier le harcèlement moral aux problèmes de l'organisation et des conditions de travail dans les entreprises. Mais il n'en propose pas moins une définition générale qui ne rompt pas véritablement avec les dangers qu'il souligne.

### Des effets délétères

Finalement, la définition donnée par la loi votée en lecture définitive le 19 décembre 2001 s'inspire fortement de celle proposée par le Conseil économique et social : le harcèlement moral consiste en des «agissements répétés qui ont pour objet ou pour effet une dégradation des conditions de travail susceptible de porter atteinte à ses droits et à sa dignité, d'altérer sa santé physique ou mentale ou de compromettre son avenir professionnel[10]». Cette définition ouvre le champ à des interprétations extensives en reportant finalement à la justice le soin de trancher. Le harcèlement moral est désormais tous azimuts : il peut provenir de l'employeur, des cadres, de la maîtrise tout autant que des subordonnés, des collègues de travail ou des clients. Les «agissements», qu'ils soient ou non volontaires, relèvent du harcèlement moral dès lors qu'ils sont répétés et entraînent les effets décrits dans la loi. La notion de «conditions de travail» laisse planer une ambiguïté : placés dans les mêmes conditions matérielles de travail, les salariés ne se considèrent pas tous atteints dans leurs droits et leur dignité, en mauvaise santé ou compromis dans leur avenir professionnel. Et le qualificatif de «susceptibles», dans la formulation «conditions de travail susceptibles de porter atteinte», n'éclaircit pas le propos. Sans aller jusqu'au renversement de la charge de la preuve, la loi établit d'autre part un aménagement qui permet à la victime de présenter des faits qui, selon elle, laissent présumer l'existence d'un harcèlement[11]. À charge pour le défendeur de prouver qu'il n'y a pas eu harcèlement. Dans l'établissement de la preuve, comme dans le cas du harcèlement sexuel, les témoignages jouent de fait un rôle clé. Comme le dit fort justement Tiennot Grumbach, avocat spécialiste du droit du travail, la loi «ouvre le champ à une interprétation psychopathologique de la relation de travail»: «Les avocats que nous sommes allons avoir à écouter des "souffrances" qui, en réalité, devraient être entendues par des thérapeutes, à gérer des "demandes de réparation" qui s'adressent à autre chose qu'à du droit.» Et de poser justement la question: «Ne va-t-on pas, en manipulant cette matière dangereuse qu'est le mental, faire plus de dégâts[12]?»

Les premiers effets de la loi contre le harcèlement vont dans ce sens. À la mairie de Paris, en 2002, la publicité interne faite autour de la loi a amené de nombreuses plaintes pour harcèlement moral, homophobie, sexisme, racisme... Débordés par une telle situation, les responsables ont mobilisé la cellule de médiation chargée de dénouer les conflits entre usagers et clients. Les DRH ne se sentant pas forcément les plus compétents pour démêler ce genre d'affaires, des conventions ont été passées, comme la loi le propose en matière de médiation, avec les associations de lutte contre le harcèlement moral ou l'homophobie. Le «harcèlement moral» peut également permettre l'expression d'un malaise plus général. Pour lutter contre le harcèlement moral, le Conseil régional Île-de-France a mis en place une «cellule d'écoute» où siègent des membres de la DRH, le médecin du travail, l'assistante sociale. Si les cas de «harcèlement moral avéré» semblent rares, nombreux, en revanche, sont les agents qui sont venus se plaindre et parler de leurs difficultés dans le travail ou de leurs problèmes personnels. Au sein des collectivités territoriales, les conflits passés et les non-dits peuvent néanmoins refaire surface à cette occasion et débouchent sur une sorte de *catharsis* collective révélant des pratiques que même les spécialistes thérapeutes peuvent avoir quelque mal à maîtriser : «Dans les collectivités territoriales, vous trouvez des fonctionnaires détachés, des gens qui ont passé des concours, et puis d'autres qui sont nommés par le fait du prince. Cela peut être la maîtresse d'un responsable ou la fille d'un ami, d'un élu. On peut se retrouver sous les ordres de gens qui n'ont aucune compétence ou être affecté à un poste pour lequel on n'a soi-même aucune compétence. Dès lors, c'est la porte ouverte aux dérives [13].»

Les premiers procès et plaintes attestent l'imbroglio auquel la référence au harcèlement moral conduit et les difficultés auxquelles les juges sont confrontés. Les harceleurs désignés peuvent à leur tour se sentir harcelés et les plaintes se croiser. En mars 2002, la gestionnaire d'un établissement scolaire de Montrouge est accusée par une partie des personnels et par l'équipe de direction de harcèlement moral. Les parents d'élèves et les enseignants s'en mêlent et alertent l'opinion. «Ordres contradictoires», «humiliations devant des tierces personnes», bons de commande exigés en moult exemplaires, notes administratives très nombreuses, règlements appliqués de façon pointilleuse…, tous ces faits incriminés sont présentés comme typiques du harcèlement moral. Mais face à ces accusations, la gestionnaire en question se dit elle-même victime de harcèlement. Elle déclare elle aussi vivre un «enfer» et, soutenue par le responsable de son syndicat, porte plainte à son tour. Suprême ironie, c'est dans ce collège qu'a lieu un travail pédagogique sur le «respect mutuel» et que des groupes de travail ont été montés avec les parents d'élèves sur l'échec et la violence[14]. À Toulouse, en juillet 2002, une quarantaine d'élèves sages-femmes ont porté plainte contre leur directrice, dénonçant la notation «à la tête du client» et des pressions sur la vie privée. Cette directrice avait auparavant été mise à pied à la suite d'une inspection interne de la DRASS (Direction régionale des affaires sanitaires et sociales). Celle-ci s'estime victime d'un règlement de comptes interne, après le mouvement de grève national des sages-femmes. Avec l'existence de cette nouvelle loi, les instances paritaires de régulation existant déjà au sein des entreprises et des administrations risquent de passer au second plan. Les sanctions émises par les différents organismes qui veillent à la déontologie des professions peuvent sembler insuffisantes en regard des sanctions prévues par la loi.

Dans le milieu des médias et de la communica-

tion, où les ego s'entrechoquent, où les conflits
de pouvoir et de territoire sont fréquents, on peut
craindre de nombreuses plaintes pour «harcèlement». En juillet 2002, le procès intenté par une
directrice de programme de Canal Plus contre son
ancien P-DG montre qu'il est pour le moins difficile d'y voir clair : la victime estime que celui-ci a
exploité ses compétences et l'a écartée d'un projet,
alors que le harceleur présumé ne paraît pas comprendre. Au tribunal, la victime en arrêt maladie
éclate en sanglots, les quatorze témoins cités décrivent la pression existante, les brimades, le mépris...
Mais a-t-on pour autant affaire à une volonté de
«casser» la victime? S'il existe bien une «pression
énorme» dans une situation marquée par un plan
social, des pertes financières et une incertitude face
à l'avenir, peut-on pour autant considérer que le
P-DG en question avait la volonté de «casser» la
victime[15]? Le jugement rendu en octobre 2002
aboutit à la relaxe de l'ex-P-DG, les magistrats
estimant que les faits dénoncés relevaient de
«contraintes imposées par les impératifs de gestion
inhérents à la vie de toute entreprise».

Exigence de justice et désir de revanche peuvent
coexister dans la confusion. Les juges, quant à eux,
ont la tâche difficile de «démêler le vrai du faux» en
se référant à une notion globalisante et floue. Ils
vont devoir faire la part des choses entre la subjectivité et les faits, la souffrance des victimes et l'incompréhension des «harceleurs». Comment évaluer la
«maltraitance psychologique», les «menaces diffuses
et fréquentes», les «humiliations publiques» que
dénoncent les victimes et l'«incompréhension», les

« règlements de comptes » internes et les « cabales » auxquels font allusion de leur côté les coupables désignés ? À quel genre d'expert thérapeute va-t-on avoir recours pour y voir clair ?

La législation contre le harcèlement moral peut même se retourner contre ses promoteurs. La présidente de l'une des plus importantes associations de victimes du harcèlement moral (qui a revendiqué plus de 700 adhérents et qui a été subventionnée par le ministère de la Solidarité, la région PACA et la ville d'Arles) est elle-même accusée de harcèlement par des salariés de son association. Ces derniers déclarent avoir subi des intimidations, des menaces et des humiliations diverses, telles que le transfert du bureau de l'un deux dans la cuisine, la suppression de la cafetière, l'interdiction de répondre au téléphone aux adhérents, l'absence de travail à exécuter et les documents rendus inaccessibles... L'avocate des salariés harcelés est elle-même une ex-adhérente de l'association [16]. En légitimant une notion globalisante et floue, la loi de modernisation sociale qui a créé le délit de harcèlement moral n'a pas fini de produire ses effets délétères.

## MALAISE DANS LE TRAVAIL ET LES RAPPORTS SOCIAUX

Au-delà de la confusion, le harcèlement moral a fonctionné comme un catalyseur d'un malaise dans le travail et dans la société. L'élasticité de la notion a permis que soient regroupés sous sa bannière de multiples maux qu'il faut tenter de démêler : qu'en est-il des différents facteurs qui concourent à la dégradation des rapports de travail et en quoi sont-ils significatifs d'un phénomène social global ?

Apporter des éléments de réponse à une telle question implique de sortir du cadre psychologique et juridique dans lequel le phénomène du « harcèlement moral » a été enfermé, pour prendre en compte les évolutions de la production et de la société qui rendent possible le phénomène. Si les « conflits de personnes » et les « luttes pour le pouvoir » ont toujours existé, le fait est qu'ils semblent redoubler d'intensité dans les collectifs et les institutions. Et à moins de considérer que le nombre de « pervers » ait sensiblement augmenté, la question est bien celle des conditions sociales nouvelles qui leur donnent des espaces plus grands de liberté.

Dans le grand déballage du « harcèlement moral », on a fait valoir les pressions qui pèsent aujourd'hui sur les salariés en mêlant une série de facteurs qu'il importe de distinguer. Les abus d'autorité, les brimades et les humiliations, le harcèlement sur fond de chantage à l'emploi... ont été caractérisés comme du « harcèlement moral ». On a également mentionné des pratiques de management par la menace, ou encore les méthodes expéditives mises en œuvre par des *social killers* lors des restructurations. Si ces pratiques sont bien réelles, elles ne sauraient cependant être considérées comme un modèle type du management moderne et rendre compte à elles seules du phénomène de harcèlement. Un tel schématisme méconnaît les évolutions des entreprises et

du management moderne qui veut «motiver» et
«mobiliser la ressource humaine». Les déstabilisa-
tions opérées sont moins grossières et plus décon-
certantes. Elles ne sont pas essentiellement le fait
d'individus pervers, mais elles s'inscrivent dans
les réalités nouvelles de la production et dans un
nouveau mode de management dont il importe de
comprendre la logique paradoxale et les effets
ambivalents.

*Quelles évolutions?*

En une trentaine d'années, les changements opérés
dans les entreprises sont considérables et concernent l'ensemble des aspects de la production de
biens et de services : technologies nouvelles, management et organisation du travail, exigences de
qualité... Les compétences requises ne sont pas seulement de l'ordre des connaissances techniques et
des savoir-faire, mais impliquent des capacités
cognitives et de communication liées aux nouvelles
technologies, à l'analyse et à la résolution collective
des multiples aléas de la production. De tels changements nécessitent moins l'effort physique et les savoir-
faire manuels — encore qu'ils continuent d'être
importants dans nombre de travaux — qu'une attention plus soutenue dans l'activité et une implication
plus grande dans les rapports de travail. Le décloisonnement et la coordination accrue entre les différents services, la multiplication des réunions collectives, l'attention plus grande portée aux exigences
de l'usager ou du client... font que les relations

occupent une part substantielle de l'activité. De tels changements heurtent des identités professionnelles structurées autour de la technique et des savoir-faire traditionnels, des salariés antérieurement attachés à des postes fixes ou centrés sur des activités beaucoup plus séparées.

Ces évolutions structurelles se sont produites dans une situation économique marquée par l'exacerbation de la concurrence et la montée du chômage de masse. La production a été ajustée au plus près des exigences du marché dans le même temps où les effectifs ont été réduits, les budgets resserrés et les stocks supprimés pour diminuer les coûts. Produire et vendre au plus vite avec moins d'effectifs et à un moindre coût, tout en exigeant une qualité irréprochable, ces objectifs tiennent souvent de la gageure et se traduisent par une intensification du travail dans les entreprises. La culture du «chiffre» et du «client-roi» entretient pareillement la pression, obligeant ceux qui y sont soumis à obtenir toujours plus de résultats avec des moyens qui, souvent, restent les mêmes face à des clients de plus en plus exigeants et souvent insatisfaits.

À ces facteurs s'ajoute l'effritement de la solidarité entre salariés. La crainte toujours présente des suppressions d'emploi et des licenciements favorise le repli individuel et la diversification des situations et des statuts à l'intérieur d'un même lieu de travail, rendant plus difficile l'expression de revendications communes. Dans une situation de chômage de masse où les entreprises tiennent le discours de la guerre économique et de la survie, la sauvegarde de son propre emploi devient une préoccupation centrale. Ces pressions accrues et l'érosion de la solidarité collective constituent bien des conditions nouvelles, mais elles ne produisent pas nécessairement pour autant les phénomènes de *mobbing* ou de harcèlement. Ceux-ci manifestent plus précisément une dégradation des rapports de travail, et c'est dans les changements opérés par de nouvelles formes d'organisation et de management qu'il faut en chercher l'une des sources possibles.

De ce point de vue, les années 1970 marquent un changement décisif par rapport à l'ordre productif issu du XIXe siècle et du taylorisme façonné par les idées d'ordre et de hiérarchie, de discipline et de division stricte des tâches. Leur remise en question dans les années 1970 fait suite à la crise culturelle de Mai 68 et à la fin de la période dite des «Trente Glorieuses». La crise du modèle taylorien intervient dans ce contexte. Il se manifeste d'abord par le développement de l'absentéisme et du *turn-over*, la révolte des OS (ouvriers spécialisés) à travers une série de conflits violents dans des entreprises de production de masse comme celles de l'automobile, où les méthodes tayloriennes sont massivement appliquées. Les générations nouvelles font valoir des aspirations à l'autonomie individuelle qui remettent en question l'ordre productif ancien. Le rapport *La réforme de l'entreprise*[17] (1975) du Comité constitué à l'initiative du président Valéry Giscard d'Estaing et présidé par Pierre Sudreau en dresse un constat particulièrement net. Il relève les difficultés que rencontre l'exercice classique du commandement face à de jeunes travailleurs qui supportent mal les contraintes de l'organisation hiérarchique et la discipline collective qu'implique toute organisation (y compris syndicale) : « Ces revendications nouvelles sont exprimées souvent par de jeunes travailleurs qui entendent affirmer leur refus d'une vie sans perspective d'épanouissement personnel. [...] Désormais, le débat porte non plus seulement sur la répartition des fruits de la croissance de l'entreprise, mais sur les relations du travail qu'elle institue à la base, sur les contraintes qu'engendre son organisation et sur l'exercice et la dévolution du pouvoir de direction[18]. » Et d'ajouter : « Certains cherchent même la réponse à ces aspirations dans une conception autogestionnaire de l'entreprise et de la société[19]. »

Ces aspirations nouvelles se conjuguent avec le ralentissement de la croissance. La nécessité de s'adapter rapidement aux aléas du marché, de répondre aux exigences de diversité et de qualité de nouvelles générations de consommateurs met en question le système taylorien rigide et adapté à une production de masse standardisée. Dans les années 1970, de nouvelles formes d'organisation du travail et de management voient le jour, qui veulent répondre à ces défis. L'attention va être désormais portée sur la « motivation », la « ressource humaine », la « gestion des conflits »..., dans le même temps où sont mises en place des formes d'organisation plus souples qui réduisent les lignes hiérarchiques, opèrent des décloisonnements entre services, valorisent la polyvalence, l'enrichissement des tâches et l'autonomie. Le développement de l'informatique et des nouvelles technologies va s'insérer dans ce processus et l'accélérer. Telles sont les lignes forces d'une mutation qui, si elle n'a pas concerné pareillement l'ensemble des entreprises, n'en a pas moins abouti à une nouvelle figure de l'ordre productif, prenant à rebours les schémas issus du passé, polarisés sur des représentations datant du XIXᵉ siècle et du taylorisme dominant. Dans les entreprises, l'attention accordée à l'individu, les remises en cause des «petits chefs» autoritaires et butés, des cloisonnements bureaucratiques, la volonté de prendre en compte les idées des salariés... répondent à des aspirations nouvelles et produisent des effets en termes de productivité et de qualité qu'il serait vain de nier.

*Implication subjective et déstabilisation*

Mais, dans le même temps, ces changements font peser sur les individus des contraintes et des pressions nouvelles qui mettent en jeu leur subjectivité et les rapports d'encadrement et de coopération dans le travail. La reconfiguration opérée repose en effet sur un paradoxe déstabilisant : les nouvelles formes de management et d'organisation du travail mobilisent directement la subjectivité individuelle dans la production tout en remettant en question le cadre dans lequel cette subjectivité se trouvait jusqu'alors encadrée et contenue. Les glissements sémantiques opérés dans la désignation des fonctions sont à cet égard significatifs. Dans l'entreprise moderne, il n'y a plus de «chefs du personnel», mais des directeurs qui «gèrent» la «ressource humaine», il n'y a plus de contremaîtres, mais des «animateurs d'ateliers », et les services de ressources humaines ont désormais à leur disposition nombre de formateurs, de psychologues et de sociologues. Comme si l'on avait voulu effacer les signes bien visibles d'une hiérarchie qui n'en continue pas moins d'exister, au profit d'une mise en valeur de la ressource humaine dont la motivation et la mobilisation deviennent l'affaire de spécialistes. Implication subjective et déstabilisation vont de pair parce que n'est pas reconstruit un nouveau cadre stable et sécurisant qui permette aux salariés de s'y retrouver. La réduction des hiérarchies, le décloisonnement entre les différents secteurs d'activité, l'insistance portée sur la polyvalence, la communication et la réactivité... déstabilisent les catégories professionnelles et les collectifs au sein desquels chaque salarié pouvait s'inscrire et se repérer comme membre d'un tout ordonné et hiérarchisé, fonctionnant encore selon une logique de l'honneur qui dicte à chaque groupe professionnel un sens du devoir et de la responsabilité[20]. La plus grande implication subjective exigée dans le travail s'accompagne ainsi d'une insécurité identitaire liée aux nouvelles formes de management et d'organisation du travail. Cette insécurité est renforcée par la montée du chômage de masse, le développement de l'intérim et de la sous-traitance, la diversification des situations et des statuts à l'intérieur d'un même lieu de travail qui diluent un peu plus les repères de l'appartenance collective et renforcent l'incertitude quant à l'avenir de chacun. Sont créées de la sorte des conditions favorables au désarroi et aux déséquilibres psychiques. Les conflits mettent directement en jeu les individualités impliquées plus intensivement dans le travail alors que les modes de régulation et de protection collectives se sont érodés et ont été mis à mal. Telle est précisément l'une des conditions qui rendent possible le phénomène dit de «harcèlement moral».

*Injonctions paradoxales et pouvoir informe*

Les injonctions paradoxales émises par le management en direction des salariés vont dans le même sens. Le développement de la communication interne au sein des entreprises et des services publics fait que les salariés se trouvent directement soumis à un discours de mobilisation développé par les directions et souvent mis en forme par des spécialistes. Contournant de fait les hiérarchies intermédiaires et les organisations syndicales, les directions communiquent en s'adressant directement à chaque salarié, l'appelant à faire preuve d'autonomie et de responsabilité, à s'engager dans des projets dont la condition de réussite, insiste-t-on, dépend de la participation de tous. Le discours tenu est déconcertant. Les choix et les décisions des directions sont fréquemment présentés comme provenant d'audits qui constatent des évolutions inéluctables: crise économique, concurrence exacerbée, actionnaires exigeant une rentabilité courte... Les normes et les objectifs à atteindre, la place et le rôle assignés à chacun ne paraissent plus fixés autoritairement et imposés par la contrainte externe. Ils sont censés être le résultat de bilans et d'audits en tout genre, résultat auquel les salariés sont appelés à adhérer librement. Chacun est sommé d'être « autonome », « acteur » et « responsable » de son travail et des performances de l'entreprise dans une logique sacrificielle de la survie et de l'urgence qui n'offre guère d'autre choix et se traduit souvent par une charge accrue de travail. Évaluée comme une des premières compétences requises pour le « changement », l'autonomie place les plus faibles en situation difficile, ceux qui n'ont ni les conditions ni les acquis en termes de compétences et de formation pour accéder à cette autonomie décrétée. Ils doivent alors s'engager dans un processus d'apprentissage continu et de « développement personnel ». En mettant hors champ les conditions concrètes, l'injonction managériale à l'autonomie tend à rendre les salariés responsables de leurs compétences et de leurs performances et, finalement, de leur « employabilité » dans l'entreprise et sur le marché du travail.

Ces injonctions paradoxales s'inscrivent dans un nouveau mode déconcertant de direction qui rend le pouvoir moins visible, brouille les places et les statuts. Dans la mise en œuvre des restructurations, des changements organisationnels ou de projets multiples, les directions mettent souvent en place des groupes d'experts et de « pilotage » qui redoublent les hiérarchies et les collectifs de travail en mêlant les responsabilités et les compétences. Les salariés se retrouvent de la sorte face à des pouvoirs qui entrent en concurrence et à des discours incohérents. La figure du pouvoir s'efface et se brouille, renvoyant aux individus le poids d'une responsabilité difficilement supportable. Ceux-ci se trouvent face à un pouvoir qui efface les signes extérieurs trop visibles de sa fonction, émet des injonctions paradoxales et tient des discours incohérents en essayant d'esquiver les contradictions. Les salariés peuvent ainsi être mis dans une situation conflictuelle permanente sans issue, génératrice de déséquilibres psychiques.

Cette situation est particulièrement fréquente dans les entreprises de service public, où les hésitations et les incohérences du pouvoir politique alliées à l'introduction de ces discours et pratiques du management ont renforcé le désarroi des personnels. Dans un système qui demeure bureaucratique et cloisonné, ces incohérences et ce nouveau courant du management produisent une déstabilisation en chaîne, du haut en bas de la hiérarchie, entraînent des luttes et des manœuvres incessantes de pouvoir entre les différents services. Depuis les années 1980, les agents ont été appelés à se mobiliser autour de projets de modernisation dont chacun pouvait comprendre qu'ils introduisaient des modifications importantes, mais les discours et projets qui se sont succédé ont abouti à un brouillage des repères de l'activité, comme si les directions et le pouvoir politique avaient quelques difficultés à assumer des orientations et des choix qui, s'ils avaient été affirmés comme tels, auraient au moins permis d'y voir plus clair et pour chacun de se situer. Mais le pouvoir lui-même avait-il une vision claire de l'avenir et un projet cohérent ? Cette question, à vrai dire, ne se limite pas aux entreprises publiques, mais elle concerne l'ensemble des sphères d'activité. Cette confusion et cette incohérence du pouvoir, ce brouillage des références de l'activité est un terrain particulièrement favorable à une dégradation des rapports de travail. Ceux-ci dégénèrent en rapports et en conflits interindividuels au sein des collectifs, entre les différents services et directions, au sein même des directions au plus haut niveau... La référence à un tiers institutionnel solide, à un projet cohérent et assumé faisant défaut, les «conflits de personnes» se développent sans plus de retenue.

C'est la fonction symbolique du pouvoir comme pôle de référence émettant et assumant des orientations et des choix clairs, permettant à chacun de se situer, qui se trouve en question. N'ayant plus ni vis-à-vis solide et cohérent auquel ils puissent faire face, ni de collectif intermédiaire protecteur, les individus se retrouvent dans des situations paradoxales. Ils sont rendus responsables de la réussite ou de l'échec d'orientations confuses et mal assumées; ils sont renvoyés à eux-mêmes dans une logique qui les charge d'un poids de responsabilité impossible à assumer. Le collectif se délite et les rapports sociaux dégénèrent en rapports «interindividuels» où le face-à-face ne trouve plus à se distancier et à se réguler en référence à une instance tierce permettant un désinvestissement salutaire. L'individu est mis dans une situation où tout semble reposer sur ses propres épaules, où sa personnalité tout entière est directement mise en jeu. Les conditions sont rendues ainsi favorables à l'expression débridée des affects et des pulsions.

*Changement chaotique et performance sans faille*

Les pressions exercées sur les salariés ne sont pas seulement d'ordre structurel et économique, elles véhiculent aussi des représentations du changement et de la performance impossibles à intégrer. Depuis les années 1980, un discours de la modernisation valorise indûment les évolutions de la production en effaçant leurs effets ambivalents et leur donnant une signification et une portée sans précédent[21]. La thématique révolutionnaire de la rupture et de la table rase trouve à se redéployer de façon nouvelle : « révolution du travail », « révolution technologique », « révolution de l'intelligence »… Discours managérial et discours médiatique se rejoignent dans cette vision chaotique d'une société et d'un monde en état de bouleversement permanent. La référence aux nouvelles technologies et à la mondialisation revient comme un leitmotiv. Celles-ci progressant plus vite que le changement des mentalités et des compétences, la course effrénée pour rattraper le retard est sans fin. Le changement est érigé paradoxalement en norme et rejoint la vision d'un monde entièrement soumis aux lois débridées du marché. Individus et collectifs de travail sont censés vivre dans un état de mobilisation et d'instabilité permanentes, sans repères fixes et durables où s'accrocher, sans protection qui leur permette d'envisager l'avenir positivement. L'individu se doit d'être « mobile », « réactif », « flexible »…, c'est-à-dire être capable en permanence de s'adapter à une modernisation dont nul, à vrai dire, ne semble être en mesure de dire où elle mène. Ce n'est pas la nécessité d'évoluer, de développer la formation qui se trouve en question, mais des discours et des façons de faire qui, au lieu d'encadrer et d'aider, déstabilisent et déstructurent les individus et les collectifs de travail, entraînant un profond malaise. Des managers et des formateurs ont tendance à se considérer, plus ou moins consciemment, comme les émancipateurs de l'ère nouvelle devant conduire à une rupture radicale dans les façons de gérer et de travailler ensemble, transformant les mentalités et les comportements, façonnant une sorte d'«homme nouveau» dont l'entreprise moderne est supposée avoir besoin.

Si l'on en croit toute une littérature managériale, le cadre moderne se doit d'être constamment motivé et capable de communiquer en toute transparence avec ses supérieurs, ses subordonnés et ses collègues. À travers les méthodes diverses visant le développement de la «motivation» et de la «communication», ou encore dans la longue liste des «compétences» déclinées dans les projets et les outils d'évaluation, est mis en avant un modèle de la performance individuelle qui ne souffrirait d'aucun défaut. Les cadres ont été les premiers concernés par ce modèle, mais celui-ci touche désormais l'ensemble des personnels à travers de multiples évaluations. Aucune part de l'individu n'est supposée échapper à l'implication dans le travail : on évalue non seulement ses «savoirs» et «savoir-faire», mais aussi son «savoir-être». Cette notion de «savoir-être» renvoie aux aspects comportementaux et relationnels déconnectés des situations professionnelles, mêlant les aspects psychologiques et idéologiques dans la confusion. «Autonomie», «esprit d'initiative», «loyauté», «franchise»... peuvent coexister dans une longue liste qui dessine un modèle de bon comportement auquel l'individu est censé se conformer. Ce modèle efface les frontières entre compétences professionnelles et comportements relevant des libres activités sociales ou de la vie privée. Il implique subrepticement un mode d'engagement dans le travail et l'entreprise qui crée de graves déséquilibres.

C'est comme si le salarié devait désormais s'identifier au modèle du jeune cadre dynamique perpétuellement au sommet de ses performances, résolvant tous les problèmes et dirigeant ses subordonnés avec un sourire déconcertant. L'individu a le sentiment qu'on attend tout de lui et qu'il n'a pas droit à l'erreur. Un tel modèle de la performance intériorisé engendre un stress permanent et la sourde crainte de ne jamais pouvoir être «à la hauteur». Il engendre l'activisme et l'agitation, l'individu devant tout faire pour se prouver à lui-même et aux autres qu'il est capable de correspondre à ce modèle fantasmatique. Poussée jusqu'au bout, cette logique l'entraîne dans une course harassante, sans cesse reprise, marquée par l'alternance de phases d'excitation et de dépression, qui finit par dissoudre les repères du réel et l'estime de soi.

Dans cet univers fantasmatique du management, les limites et les échecs sont déniés. Le problème que l'on ne peut résoudre, les difficultés relationnelles deviennent vite synonymes de conflits insupportables. Ils ne sont pas considérés comme des événements inhérents à la vie professionnelle et qui peuvent être formateurs si l'on sait en tirer des leçons. Ils sont signes de faiblesse et générateurs d'angoisse parce qu'ils correspondent à une blessure narcissique difficile à cicatriser. Ce ne sont pas les conditions dans lesquelles on travaille, les objectifs irréalistes ou les limites des compétences professionnelles qui se trouvent en question, mais la personnalité tout entière.

Ce modèle de la performance sans faille dégrade les rapports de travail. Le rapport à l'autre placé au-dessus de soi est tout entier marqué par l'ambivalence. Cet autre supérieur idéalisé renvoie à l'individu l'image insupportable de ses propres limites. Le même désir qui le fait admirer peut vouloir sa déchéance et son déclin, le rendant responsable de sa propre situation. Il en va de même pour les subordonnés qui seront d'autant plus l'objet d'invectives et de brimades que celui qui les encadre est en proie à cette perpétuelle frustration. Un tel phénomène ne concerne pas seulement les cadres, mais les collègues de travail qui peuvent à leur tour participer à cette logique mettant à dure épreuve le psychisme de chacun. L'individu intériorise un modèle impossible à atteindre et, comme il ne peut y parvenir, il a tendance à être dévalorisé à ses propres yeux et, croit-il, à ceux des autres. Il se place ainsi de lui-même dans une situation d'impasse qui le mène à la dépréciation de soi et suscite le ressentiment. Devant l'impossibilité de sortir d'une situation dans laquelle il a confusément le sentiment de s'être lui-même laissé enfermer, la rancœur et la rage peuvent l'emporter. Il aura alors tendance à rejeter sur l'autre et sur son environnement la responsabilité de l'échec à atteindre cette toute-puissance imaginaire. L'agressivité dont il peut faire preuve à l'égard de l'autre est à la hauteur de la mésestime de soi et du ressentiment qui l'habitent. Telle nous paraît être l'une des principales sources du phénomène décrit comme du «harcèlement moral» dans le travail.

## Un phénomène social global

Cette pression nouvelle sur les individus et la dégradation des rapports sociaux ne se limitent pas au travail en entreprise et dans les services publics, mais se répandent dans l'ensemble des sphères d'activité. Dans le cadre de la modernisation et des réformes, les individus sont appelés à prendre conscience du monde nouveau dans lequel ils vivent, à s'interroger sur leurs propres façons de penser et de travailler, leurs compétences et leurs performances... Celles-ci sont évaluées dès leur plus jeune âge et de nombreux conseillers sont là pour les aider à faire face au changement et à devenir performant dans tous les domaines. Ils sont sommés par les pouvoirs en place de devenir «acteurs du changement», «de leur propre changement» comme de celui du collectif dans lequel ils travaillent et, en fin de compte, d'une société qui n'en finit pas de se moderniser. Société et individus apparaissent comme parties intégrantes d'un bouleversement généralisé auquel il semble impossible d'échapper, et ils n'ont d'autre choix que de s'y adapter. Dans leur vie personnelle comme professionnelle, ils se doivent d'être «autonomes» et «gérer» eux-mêmes leurs multiples «projets», leur «parcours de vie», leurs sentiments et leur santé... Les évaluations et les bilans dans tous les domaines jouent comme des diagnostics thérapeutiques qui confrontent l'individu à une image affaiblie de lui-même. Les normes sociales ne s'affichent plus ouvertement comme telles et l'écart par rapport à ces normes semblent provenir de ses propres déficiences. Les références devenues courantes à l'«autoévaluation» et à l'«autocontrôle», y compris à l'école, sont significatives. L'évaluation et le contrôle ne passent plus explicitement par la parole et le jugement de l'autre — lequel n'est pas seulement une autre individualité que la mienne, mais représentent d'une instance incarnant la prédominance des exigences collectives et institutionnelles. Ils s'effectuent dans un face-à-face avec soi-même qui le charge d'une lourde responsabilité. Tout paraît reposer sur ses propres ressources internes, les écarts par rapport à ces normes provenant de ses propres faiblesses ou lacunes. Il dépendra alors de sa propre volonté (bonne ou mauvaise) d'y remédier, la «motivation» et le développement de ses compétences étant considérés comme les facteurs clés de sa réussite. À la contrainte externe succède l'intériorisation de contraintes et de normes paradoxales, l'identification impossible à un modèle d'un individu souverain et performant à l'aide de multiples outils maniés par des spécialistes. Telle est l'étrangeté de la situation faite aux individus. La «servitude volontaire» est poussée jusqu'au paroxysme où elle ne trouverait plus d'objet autre que soi-même sur lequel se porter.

Dans le même temps, les pouvoirs en place dans les différentes sphères d'activité semblent avoir le plus grand mal à assurer leur rôle de garant et d'aide. Ils peinent à tracer une vision de l'avenir qui garde figure humaine et soit synonyme de progrès. En se voulant proche et en répondant à la «demande sociale», ils brouillent les genres et rendent le débat public confus. En prétendant paradoxalement partager la même situation que tout le monde et donner la parole à chacun, ils rendent plus difficile l'expression de la contradiction et du conflit sur des enjeux clairs et cohérents. Le rapport dirigeant-dirigé ressemble en fait à une sorte de jeu de passe-passe de la responsabilité. D'un côté, les individus ont tendance à soupçonner d'emblée ceux qui les dirigent d'une volonté de mainmise et de domination, tout en exigeant d'eux qu'ils répondent au plus vite à leurs besoins et les protègent. Ils adoptent ainsi plus ou moins consciemment une posture de victime ayant des droits. De l'autre côté, les pouvoirs en place n'ont de cesse d'en appeler à l'implication de chacun, dans un langage de la communication qui masque mal leurs incohérences et leur absence de vision prospective. La modernisation ne parvient guère à s'ancrer dans un continuum historique porteur d'une signification qui lui donne figure humaine. Cette perte de signification historique laisse le champ libre à une rhétorique du changement et du mouvement. Le présent semble «flottant», comme suspendu à lui-même, en rupture constante avec un passé qui semble sans ressource face à la vitesse des évolutions et un avenir indéterminé ouvert sur des régressions possibles. Depuis vingt ans, les dirigeants politiques n'en finissent pas de «mettre la France en mouvement», faute de parvenir à tracer clairement une vision de l'avenir dans lequel le pays puisse se retrouver.

C'en est bien fini de l'insouciance et de la non-chalance qui ont pu exister du temps des «Trente Glorieuses». L'activisme managérial et communicationnel, le surinvestissement dans le travail et le «bougisme[22]» est symptomatique d'un présent existentiellement flottant, désarticulé d'un passé considéré comme «ringard» et d'un avenir devenu indiscernable. Investis dans de multiples activités et projets à court terme, soucieux de leur propre image et de leurs performances, les individus deviennent inattentifs aux autres, facilement irritables et odieux «par inadvertance». Ce mode d'être, fait de stress et d'agitation, déborde le travail, s'étend au loisir et à la vie quotidienne, aux fêtes et à la convivialité décrétées, jouant le rôle de fuite et de divertissement pascalien face à l'angoisse d'une histoire devenue méconnaissable. À la détresse qu'engendre le chômage s'ajoute un mal-être existentiel et social dont témoigne la consommation d'antidépresseurs et d'anxiolytiques.

Le phénomène du «harcèlement moral» survient dans un moment marqué par une temporalité désarticulée de l'histoire et une crise des pouvoirs et des institutions qui ont de plus en plus de mal à assumer leur rôle de référence et de protection. Ainsi, la subjectivité et les rapports inter-individuels sont auto-centrés. Ils ne sont plus insérés et structurés dans une dimension tout à la fois collective, historique et institutionnelle, mais livrés en quelque sorte à eux-mêmes. Cette désymbolisation ouvre le champ à l'expression débridée des affects et des pulsions. Dans cette optique, le phénomène du «harcèlement moral» peut être pensé comme une des formes perverses par laquelle s'affirme aujourd'hui l'«agressivité constitutionnelle de l'être humain contre l'autre[23]» dans une situation sociale-historique marquée par l'érosion des repères symboliques de la vie commune en société. Renvoyés à eux-mêmes, ne trouvant plus de cadre stable et de vis-à-vis solide sur lequel ils puissent compter, les individus ont le plus grand mal à se construire une identité solide et à s'apprécier à une juste mesure. Constamment «accros» et rencontrant des difficultés, des échecs, ils peuvent sombrer dans la dépression ou/et à tout moment passer à l'acte en retournant leur agressivité sur les autres. En ce sens, le harcèlement moral est l'une des manifestations — qui, au demeurant, n'est pas la plus dramatique — des pathologies nouvelles liées à l'insécurité identitaire qu'entraîne la décomposition de l'ordre social ancien, sans qu'émerge une nouvelle configuration fournissant un cadre structurant. Le concept d'«anomie» d'Émile Durkheim peut paraître le plus approprié pour rendre compte de cette situation: l'absence de cadre de conduite stable provoque sur le plan collectif des ruptures de la «solidarité organique» et sur le plan individuel démoralisation et désarroi. Nous vivons une époque de perturbation où la puissance régulatrice de l'autorité collective est mise à mal, où les contraintes relatives à la vie sociale sont plus difficilement acceptées. Mais l'aspect nouveau et paradoxal de la situation réside dans le fait que l'absence de règles claires et l'incohérence semblent intégrées à de nouveaux modes d'organisation et d'encadrement social. La gestion par l'anomie serait-elle devenue un nouveau mode de gouvernement des hommes ou avons-nous affaire à une crise plus structurelle de la dimension anthropologique de l'existence sociale ?

*

Dans sa formulation comme dans la mobilisation qui s'est faite en son nom, le «harcèlement moral» participe de ce qu'il dénonce. Il réduit en effet le malaise existant dans le travail et les rapports sociaux à un problème psychologique et moral, renforçant ainsi l'approche individualiste autocentrée et le délitement du lien social. Il reflète et renforce la suspicion de tous contre tous, en encourageant de fait les phénomènes de délation et de bouc émissaire qui se répandent dans la société. L'agressivité qu'on entend combattre et éradiquer au nom de la lutte contre le harcèlement se retrouve dans la véhémence de la dénonciation publique. Médias et justice deviennent les instruments d'une «lapidation symbolique» d'un coupable qui n'est plus clairement assignable aux figures symboliques antérieures (la société, l'exploitation et l'oppression capitalistes, le patron traditionnel...), mais l'agressivité peut désormais s'exercer contre l'autre dépouillé de sa dimension sociale et institutionnelle, réduit à des intentions et des actes individuels malveillants dont la psychologie rendrait raison. La dénonciation du harcèlement moral fait sauter les différences entre le privé et le public, réduit les rapports sociaux à de purs rapports de forces individuels débarrassés de leurs oripeaux collectifs et institutionnels. Du même coup, sont levées les barrières qui pouvaient contenir ou empêcher l'agressivité de s'attaquer très directement à la personnalité et à la vie privée. Et c'est précisément de cette façon — en ramenant le rapport social à une relation entre individus désarticulés d'une référence commune intériorisée — que la dénonciation du harcèlement moral et la victimologie dont elle se réclame participent d'un processus de désagrégation en même temps qu'elle lui sert d'infirmerie sociale. La victime peut partager avec le coupable qu'elle désigne une même désaffiliation symbolique qui rend pour le moins problématique l'exercice de la justice. Les jugements rendus ne sont pas forcément à même d'apaiser un désir de reconnaissance et de revanche qui trouve désormais à se déployer sous le statut de la victime ayant des droits, faute de trouver à s'exprimer par d'autres figures et canaux qui lui donneraient une dimension collective. Est enclenché un processus de suspicion et de ressentiment qui paraît sans fin, tandis que la victimologie et les thérapies en tout genre sont promises à un bel avenir. En publiant son livre, Marie-France Hirigoyen a ouvert sans le vouloir une boîte de Pandore dont nous n'avons pas fini de subir les effets.

APPENDICES

NOTES

INTRODUCTION

1. Expression empruntée à Cornélius Castoriadis qui caractérisait ainsi, en 1978, la façon dont d'anciens gardiens de l'orthodoxie communiste en étaient arrivés à dénier les faits, à pratiquer la diversion de mille et une manières, et à dire avec une aisance déconcertante l'inverse de ce qu'ils avaient proclamé avec une docte certitude quelque temps auparavant. L'usage de la «langue caoutchouc» s'est élargie depuis lors et concerne tout autant la gauche que la droite.

2. Le style de Nicolas Sarkozy dans ce domaine n'est pas sans rappeler celui du président Valéry Giscard d'Estaing. En 1974, pour la première fois dans une campagne présidentielle, il implique directement sa famille en faisant poser l'une de ses filles à côté de lui sur son affiche électorale. Le début de sa législature est marqué par le thème de la «décrispation» qui se traduit dans son comportement et les changements introduits dans les rites et les symboles de la République. Sur son affiche électorale, il s'était déjà montré décontracté en préférant une veste de tweed clair au costume sombre. Le jour de son investiture, ayant abandonné l'habit traditionnel du président, il casse le protocole en remontant à pied l'avenue Marigny en complet veston. Il demande au photographe Lartigue de rajeunir la traditionnelle photo officielle du président de la République ; il change le rythme de *La Marseillaise*

et fait ajouter un faisceau de licteur sur le drapeau national qui flotte à l'Élysée. Bien plus, au grand dam des gaullistes et des associations d'anciens combattants, il se propose de supprimer la fête nationale du 8 mai pour ne garder que celle du 11 novembre comme journée nationale du recueillement, lors de laquelle la France pourrait s'associer avec d'autres pays européens. Cette «décrispation» s'accompagne d'une volonté de s'afficher comme un homme ordinaire, bien qu'étant président. C'est ainsi qu'on le verra conduire sa voiture comme n'importe quel automobiliste et jouer de l'accordéon, qui demeure un des symboles de la France populaire. Le nouveau président veut rencontrer les Français dans leur vie quotidienne. Il invitera ainsi quelques éboueurs à venir prendre le petit déjeuner à l'Élysée et se fera invité chaque mois avec sa femme dans un foyer de Français moyens. Cette volonté d'apparaître comme un Français comme les autres irrite au plus haut point les gaullistes traditionnels. Si l'on en croit Charles Pasqua, la question : «M'aime-t-on?» semble avoir taraudé le président jusqu'à la fin de son mandat, pour se transformer ensuite en une autre, plus amère : «Pourquoi ne m'avez-vous pas aimé comme je vous ai aimés?» (Charles PASQUA, *Ce que je sais... I. Les Atrides 1974-1988*, Paris, Seuil, 2007, p. 40). Observatrice des mœurs de la Vᵉ République, Marie-France Garaud dresse un tableau du président qui n'est pas tendre : «Remarquable à beaucoup d'égards, Giscard ne sut, semble-t-il, jamais juger, ni de l'engagement qu'impose le caractère singulier de la fonction présidentielle, ni de la distance qu'elle crée nécessairement. Je crois d'ailleurs qu'au fond de lui, il en avait peur. Non pas des apparences que précisément il aimait, mais du pouvoir et de sa gravité, qu'il ne comprenait pas. Consciente ou non, cette fêlure chez lui était profonde et se révélait dans une sorte de dédoublement entre sa personne et la fonction qu'il devait exercer. Il n'était pas président, il se regardait être président» (Marie-France GARAUD, *La fête des fous. Qui a tué la Vᵉ République?*, Paris, Plon, 2006, p. 116).

3. La vie privée des candidats que des reporters se chargent rapidement de mettre en scène devient partie intégrante de l'actualité politique. L'édition de *quick books*, livres écrits et édités en un temps record racontant la saga des hommes et

des femmes politiques célèbres, en est un exemple frappant.
Ce mélange des genres entre vie politique et vie privée ne date
pas de cette élection. Depuis quelques années, une littérature
politique d'un nouveau genre a fait son apparition. Des responsables
politiques, de droite ou de gauche, se sont mis à
écrire — ou ont fait écrire — des livres où se côtoient dans un
savant désordre leur biographie plus ou moins romancée,
leurs réflexions politiques, leurs goûts personnels et de multiples
anecdotes sur leur vie publique et privée. Les hommes
politiques ayant quelque ambition semblent avoir pris goût à
ce nouveau genre de littérature surtout si, en prime, ils sont
invités sur les plateaux de télévision. Dans *Cela commence par
une ballade* (Paris, Plon, 2003), Laurent Fabius, que l'on voit
sur une moto en quatrième de couverture, a eu au moins le
mérite de dire clairement ce qu'il en était : «Qu'on ne cherche
pas dans ces pages un programme politique. Je mêle les
petites choses aux grandes. Je ne sépare pas les événements
majeurs et le quotidien de la vie. Je livre ici une certaine sensation
de la France» (p. 10). Jean-François Copé, dans *Promis
j'arrête la langue de bois* (Paris, Hachette Littérature, 2006),
raconte «les mille et une choses de la vie qui constituent l'envers
du décor ministériel». Le lecteur pourra, entre autres
choses, savoir comment il a attendu fiévreusement que le téléphone
sonne les jours précédant sa nomination. Ces livres ne
sont pas sans rappeler les blogs qui fourmillent sur Internet
où des individus exposent le quotidien de leur vie, agrémenté
parfois de photos de famille et d'animaux de compagnie, tout
en écrivant avec plus ou moins de bonheur ce qu'ils pensent
du monde contemporain. Les deux principaux candidats se
sont inscrits dans cette nouvelle tendance. *Maintenant* (Paris,
Hachette Littératures, 2007), le livre d'entretien de Ségolène
Royal avec la rédactrice en chef du magazine *Elle*, distille par
petites touches des confidences sur les rapports de la candidate
avec François Hollande et ses enfants, ou encore sur ses
bons et ses moins bons souvenirs d'enfance. Ce livre est écrit
sous la forme d'un abécédaire. Le lecteur pourra ainsi
apprendre au mot «Honte», entre «HLM» et «Immigration»,
que son pire moment de Honte eut lieu à l'école maternelle.
Ce jour-là, sa mère s'est trompée de robes en l'habillant et lui
a fait porter la jupe, beaucoup trop grande, de sa sœur aînée.

Cette robe lui est tombée sur les chevilles toute la journée et les enfants s'amusaient à la tirer : « J'ai été raillée, bousculée et tripotée à mon corps défendant... J'ai vu alors l'effet de groupe face à un individu fragilisé. C'est une anecdote, mais je comprends la vulnérabilité de l'enfance humiliée » (p. 155). Dans *Libre* (Paris, Robert Laffont, 2001), Nicolas Sarkozy raconte lui aussi son cheminement personnel et politique avec des anecdotes sur les humeurs des hommes politiques et sur les bons moments passés avec sa femme et ses enfants. Dans son livre *Ensemble* (Paris, XO Éditions, 2007), il affirme qu'il a beaucoup changé, se livrant à une sorte d'autocritique : « J'avoue avoir longtemps, peut-être trop longtemps, pris du plaisir à ces jeux [la politique comme jeu de pouvoir et affaire de gestion]. Aujourd'hui mon rapport à la politique a changé. J'ai cessé de faire de la politique avec cette sorte de jubilation que j'ai si longtemps éprouvée » (p. 13).

4. Cf. Jean-Pierre Le Goff, *La démocratie post-totalitaire*, chap. 10, « Une nouvelle donne sociale-historique », Paris, La Découverte, 2002 et 2003.

5. Gilles Lipovetsky, *L'ère du vide*, Paris, Gallimard, 1983.

6. Christopher Lasch, *La culture du narcissisme*, Climats, Castenau-le-Lez (première édition : Paris, Robert Laffont, 1981).

7. Alain Ehrenberg, *La fatigue d'être soi*, Paris, Odile Jacob, 1998.

8. Ce qui ne signifie pas son inutilité mais en limite la portée.

9. Jean-Pierre Le Goff, *Les illusions du management*, Paris, La Découverte, 1996 et 2000.

10. Peter Drucker, *L'avenir du management*, Paris, Village Mondial éditeur, 1999, p. 75.

11. *Ibid.*, p. 184.

12. Jean-Dominique Chiffre, Jacques Teboul, *La motivation et ses nouveaux outils. Des clés pour dynamiser une équipe.* Paris, Éditions ESF — entreprise moderne d'édition — Librairies techniques, 1988, p. 51.

13. Charles de Gaulle, *Mémoires de guerre, L'appel 1940-1942*, t. 1, Paris, Plon, 1954, p. 1.

14. *Ibid.*, p. 41.

15. Cf. Jean-Pierre Le Goff, *Mai 68, l'héritage impossible*,

chap. 2, « La révolte des enfants gâtés », Paris, La Découverte, 1998, 2002 et 2006.

16. Cette « monarchie » n'en est pas moins républicaine parce qu'elle repose sur un contrat entre le peuple et le président basé précisément sur le suffrage universel. Le régime voulu par le général de Gaulle, pour présidentiel et « monarchique » qu'il soit, comportait une sorte de contrat moral qui liait implicitement le peuple et le chef de l'État. Le désaveu électoral de la politique suivie implique le départ du chef de l'État. L'usage du référendum par de Gaulle met précisément en jeu ce pacte et, cohérent avec lui-même, de Gaulle quittera immédiatement ses fonctions après avoir été désavoué par le peuple lors du référendum de 1969.

17. Edgard PISANI, « De Gaulle et la modernisation de la France », Cahier de *Politique Autrement*, octobre 1998.

18. Giuliano PROCACCI, cité par Édouard Balladur, *Laissons de Gaulle en paix*, Paris, Fayard, 2006, p. 64.

19. Marcel GAUCHET, « La dette du sens et les racines de l'État », *Libre*, no 2, Paris, Petite bibliothèque Payot, 1977, repris dans *La condition politique*, Gallimard, Paris, 2005.


I. CATHARSIS
POUR UN CHANGEMENT D'ÉPOQUE


1. Ségolène ROYAL, discours de Bordeaux, 6 avril 2007.

2. Nicolas SARKOZY à Toulouse le 11 avril 2007.

3. Voir *infra*, chap. 5 et 6, « Que veut dire le harcèlement moral ? »

4. Ségolène ROYAL, discours de Rennes, 20 février 2007.

5. *Id.*, discours devant le congrès de l'Unisda, Union nationale pour l'insertion du déficient auditif, 18 janvier 2007.

6. *Id.*, discours de Dijon, 7 mars 2007.

7. *Id.*, discours au congrès d'investiture du parti socialiste à la Mutualité, 26 novembre 2006.

8. Nicolas SARKOZY, discours de Bercy, 29 avril 2007.

9. *Id.*, président de l'UMP, « Pour la France au travail », Agen, 22 juin 2006.

10. *Ibid.*

11. Nicolas Sarkozy à La Réunion, 15 février 2007.

12. Intervention de Nicolas Sarkozy à la rencontre «Femmes et égalité des chances», Maison de la Mutualité, 6 avril 2007.

13. Nicolas Sarkozy, discours de Bercy, 29 avril 2007.

14. Ségolène Royal, rédactrice du grand journal de Canal Plus, 9 mars 2007.

15. 19 janvier 2006.

16. Nicolas Sarkozy, interview, Europe n° 1, 12 avril 2007.

17. *Ibid.*

18. «À vous de juger», France 2, 8 mars 2007.

19. TF 1, «J'ai une question à vous poser», 19 février 2007.

20. *Ibid.* Pour les citoyens encore imprégnés de culture chrétienne, cette scène pouvait évoquer les paroles de Jésus au paralytique: «Lève-toi et marche!»

21. Déclaration télévisée de M. Jacques Chirac, président de la République, palais de l'Élysée, dimanche 11 mars 2007.

22. Ségolène Royal, discours de Montpellier, 24 avril 2007.

23. *Id.*, rédactrice du grand journal de Canal Plus, 9 mars 2007.

24. Nicolas Sarkozy à Metz, 17 avril 2007.

25. *Ibid.*

26. Intervention de Nicolas Sarkozy à la rencontre «Femmes et égalité des chances», Maison de la Mutualité, 6 avril 2007.

27. Nicolas Sarkozy à Montpellier, 3 mai 2007.

28. *Id.*, au Zénith, à Paris, le 18 mars 2007.

29. *Ibid.*

30. *Ibid.*

31. Cf. Jean-Marc Berlière, «Guy Môquet: le mythe et l'histoire», *Le Monde*, 23 juin 2007. Beaucoup de lettres de fusillés témoignent d'un engagement marqué et sont écrites dans un autre style. La lettre de Guy Môquet est celle d'un adolescent. Ce qui n'enlève rien à son caractère bouleversant.

32. Nicolas Sarkozy, Congrès du 14 janvier 2007, porte de Versailles, Paris.

33. *Ibid.*

34. Nicolas Sarkozy à Marseille, 19 avril 2007.

35. *Ibid.*

36. *Ibid.*

37. Ségolène ROYAL, discours de Charléty, 1er mai 2007.

38. *Id.*, discours de Lille, 4 mai 2007.

39. *Id.*, discours de Rennes, 20 février 2007.

40. *Id.*, discours de Charléty, 1er mai 2007.

41. Jean-Pierre RAFFARIN, *La dernière marche. Lettre à Nicolas Sarkozy*, Paris, Grasset, 2007.

42. *Ibid.*, p. 148.

43. *Ibid.*, p. 171.

44. Ségolène ROYAL, halle Carpentier, Paris, 6 février 2007.

45. Nicolas SARKOZY, Maison de la Mutualité, 11 février 2007.

46. Ségolène ROYAL, interview, *Les Inrockuptibles*, 13 mars 2007.

47. *Id.*, Villepinte, 11 février 2007.

48. *Id.*, France 2, 28 mai 2007.

49. Nicolas SARKOZY, interview, *Le Figaro*, 18 avril 2007.

50. *Id.*, Lyon, le 5 avril 2007.

51. Ségolène ROYAL, discours de Bordeaux, 6 avril 2007.

52. Ségolène ROYAL invitée de Difool, «Bouge ton vote» sur Skyrock, 20 mars 2007.

53. Christophe EIRARD, adjoint à la Culture du maire de Paris, cité par Isabelle MANDRAUD, «Mme Royal organise une soirée "société civile", nouvelle version des comités de soutien "people"», *Le Monde*, 14 mars 2007.

54. Nicolas SARKOZY, Lille, le 28 mars 2007.

55. En témoignent les hésitations qui ont pu sembler para-doxales entre les deux principaux candidats jusqu'au dernier moment.

56. Éric BESSON, *Qui connaît Madame Royal?*, Paris, Grasset, 2007, p. 108.

57. Jean-Pierre RAFFARIN, *La dernière marche, op. cit.*, p. 83.

58. *Ibid.*, p. 194.

59. Cornélius CASTORIADIS, *La montée de l'insignifiance. Les carrefours du labyrinthe IV*, Paris, Éd. du Seuil, 1996, p. 134.

60. Étude IPSOS / Graines de Citoyens, décembre 2006. Sondage effectué auprès de huit cents jeunes de 18 à 25 ans, constituant un échantillon représentatif de la population de cette classe d'âge.

61. Cf. Pierre NORA, «Le nationalisme nous a caché la nation», *Le Monde*, 18-19 mars 2007.

62. Cf. Jean-Pierre LE GOFF, *Les illusions du management*, Paris, La Découverte, 1996 et 2000.

63. De 1986 à 1988 et de 1993 à 1995 sous la présidence de François Mitterrand; de 1997 à 2002 sous la présidence de Jacques Chirac.

## II. LE MALAISE FRANÇAIS
### DANS LE MIROIR DE L'EUROPE

1. Nicolas SARKOZY, «Ce que je crois», entretien dans *La Provence*, 3 mai 2005.

2. Cf. Stéphane ROZÈS, «Aux origines de la crise politique», *Le Débat*, n° 134, mars-avril 2005.

3. Ce qui n'était pas le cas avec le gouvernement de Raymond Barre, quoi qu'on puisse penser de sa politique.

4. Cf. Jean-Pierre LE GOFF, «La modernisation manquée», *Le Débat*, n° 110, mai-août 2000.

5. Marcel GAUCHET, «Les mauvaises surprises d'une oubliée: la lutte des classes», *Le Débat*, n° 60, mars-avril 1990, p. 289.

6. *Vers une constitution européenne*, Paris, 10/18, 2003, p. 71.

7. Préambule de la «Charte des droits fondamentaux de l'Union».

8. George STEINER, *Dans le château de Barbe-Bleue. Notes pour une redéfinition de la culture* [1973], Paris, Gallimard, coll. «Folio essais», 1998, p. 90.

9. Le film *Un long dimanche de fiançailles* de Jean-Pierre JEUNET, qui a connu un grand succès chez les jeunes, en est un exemple frappant. Il met en scène une sorte d'Amélie Poulain perdue dans les tranchées au milieu des obus, à la recherche de son fiancé, tandis que des poilus désertent et lèvent le poing. De méchants gendarmes et militaires les ont contraints à partir à la guerre et s'apprêtent à les fusiller.

### III. HYPOTHÈSES POUR COMPRENDRE
### LE CHAOS AMBIANT

1. Cf. Dominique ANDOLFATTO, Dominique LABBÉ, *La CGT. Organisation et audience depuis 1945*, Paris, La Découverte, 1997.

2. Source DARES, ministère des Affaires sociales, du Travail et de la Solidarité.

3. Aux élections de 1979, le taux de participation était de 63,3 % (*Liaisons sociales*, 17 février 2003).

4. *Liaisons sociales*, 17 février 2003.

5. Les enquêtes du CSA et de l'IFOP réalisées en septembre et novembre 2002 indiquaient un taux de confiance de 52 à 65 % des salariés.

6. Cf. Jean-Pierre LE GOFF, *Mai 68, l'héritage impossible*, Paris, La Découverte, 1998, 2002 et 2006.

7. Alain TOURAINE, *La voix et le regard*, Paris, Éd. du Seuil, 1978, p. 19.

8. Alain TOURAINE, *Comment sortir du libéralisme?*, Paris, Fayard, 1999, p. 71.

9. Pierre BOURDIEU, *Contre-feux*, Paris, Liber Raisons d'agir, 1998, p. 59.

10. Le fait que les services publics soient productifs a été reconnu par l'Insee depuis une trentaine d'années : la production des administrations fait partie du PIB et elle est mesurée par ses coûts (salaires, amortissement, frais de gestion...).

11. Ils cotisent aussi de façon obligatoire à des caisses de retraite complémentaire.

12. La fonction publique territoriale a sa propre caisse de retraite, ce qui ne change rien au fait que l'argent cotisé provient du prélèvement des impôts au niveau local. Quant aux régimes spéciaux existant dans les entreprises publiques, ils disposent également de leur propre système de versement de cotisation, mais en cas de déficit, en l'état actuel, c'est l'État qui financerait. Avec les départs à la retraite et la diminution des personnels, la question du déficit ne peut manquer de se poser.

13. Allonger la durée revient souvent à diminuer la retraite versée dans le public comme dans le privé si, au moment du départ, les salariés n'ont pas effectué le temps nécessaire pour avoir droit à une retraite à taux plein.

14. Philippe d'Iribarne, *La logique de l'honneur*, Paris, Éd. du Seuil, 1989, pp. 22 et 23.

15. Pour avoir un sens, la comparaison des salaires entre les deux secteurs ne peut se faire que par catégories et non sur un «salaire moyen net», étant donné l'importance des cadres (catégorie A) dans la fonction publique, liée plus particulièrement aux enseignants.

16. C'est cet aspect que nous avons avant tout souligné dans l'analyse du mouvement de décembre 1995, en sous-estimant les dimensions corporatistes et le problème du financement des retraites. Cf. «Le grand malentendu», *in* Jean-Pierre Le Goff et Alain Caillé, *Le tournant de décembre*, Paris, La Découverte, 1996.

17. Cf. Paul Yonnet, «Les incertitudes du temps libre», *Le Débat*, nº 121, septembre-octobre 2002.

18. «Le loisir», *Esprit*, juin 1959.

19. Joffre Dumazedier, «Réalités du loisir et idéologies», *Esprit*, juin 1959.

20. *Ibid.*

21. Jean-Marie Domenach, «Loisir et travail», *ibid.*

IV. LE NOUVEAU
«FOSSÉ DES GÉNÉRATIONS»

1. En dehors des lycéens et des étudiants. Selon l'Insee, la population active est composée de ceux qui ont un emploi et des demandeurs d'emploi. Le taux de chômage ne concerne que la population active, la jeunesse scolarisée n'en fait pas partie.

2. *Lumpen* signifie miséreux, en haillons.

3. Emmanuel Todd, *Le destin des immigrés*, Paris, Éd. du Seuil, 1994, p. 382.

4. Citation extraite d'un texte cosigné par sept organisa-

tions, *Nous voulons une école au service des enfants et des jeunes*, septembre 1998.

5. Jean-Robert PITTE, président de l'université Paris-Sorbonne (Paris-IV), *Jeunes on vous ment! Reconstruire l'université*, Paris, Fayard, 2006, pp. 68-69.

6. «Autonomie, famille et société», *Nous sommes en marche. Manifeste du Comité d'action Censier*, Paris, Éd. du Seuil, 1968, p. 35.

7. Paul RICŒUR, «Faire l'université», *Esprit*, mai-juin 1964.

8. Cité par Philippe LABRO et l'Équipe d'Édition Spéciale, *Ce n'est qu'un début*, Paris, Éditions et Publications premières, 1968, pp. 245-246.

9. Alain SCHNAPP, Pierre VIDAL-NAQUET, *Journal de la Commune étudiante, Textes et documents. Novembre 1967-juin 1968*, Paris, Éd. du Seuil, 1988, p. 31.

10. Dany COHN-BENDIT, Jean-Pierre DUTEUIL, Bertrand GÉRARD, Bernard GRANAUTIER, «Pourquoi des sociologues?», publié dans la revue *Esprit*, mai 1968.

11. *Ibid.*

12. *Quelle Université? Quelle société?* (textes réunis par le centre de regroupement des informations universitaires), Paris, Éd. du Seuil, 1968, p. 36.

13. Edgar MORIN, «La Commune étudiante», in *Mai 68: la brèche. Premières réflexions sur les événements*, Paris, Fayard, 1968, pp. 26-27.

14. Maurice GRIMAUD, «L'État républicain face à la violence. L'exemple de Mai 68», *Politique Autrement*, avril 1999.

15. Cf. *Mai 68, l'héritage impossible*, Paris, La Découverte, 1998, 2002.

16. Voir *supra*, chap. 3, «Hypothèses pour comprendre le chaos ambiant», p. 98.

17. Louis CHAUVEL, «Avant-propos à la deuxième édition» de *Le destin des générations. Structure sociale et cohortes en France au XXᵉ siècle*, Paris, PUF, 1998, p. 246.

18. *Ibid.*

19. *Ibid.*, «Avant-propos à la deuxième édition», p. XVI.

20. Stefan ZWEIG, «Préface», *Le monde d'hier* (1944), Paris, Belfond, 1993, p. 7.

21. Margaret MEAD, *Le fossé des générations. Les nouvelles*

relations entre les générations dans les années 1970, Paris, Denoël/Gonthier, 1971-1979.

22. *Ibid.*, p. 78.

23. Alexander S. NEIL, *Libres enfants de Summerhill*, Paris, Maspero, 1970.

24. *Ibid.*, p. 112.

25. *Ibid.*, p. 22.

26. «Ce que nous voulons: Tout!»: tel était le titre significatif d'un journal maoïste-libertaire qui entendait développer un «Front de la jeunesse».

27. Jacques DE GUILLEBON, *Nous sommes les enfants de personne*, Paris, Presses de la Renaissance, 2005.

28. Il a rassemblé 350 jeunes ressortissants de 175 pays.

29. *Le Manifeste de la jeunesse pour le XXIᵉ siècle*, Neuilly-sur-Seine, Éditions Michel Lafon, 2000.

30. Laurent FABIUS, «Si tous les enfants du Monde...», préface, *ibid.*, p. 12.

31. *Ibid.*, p. 16.

32. *Le Manifeste de la jeunesse pour le XXIᵉ siècle*, *op. cit.*, p. 52.

33. Laurent FABIUS, «Si tous les enfants du Monde...», préface, *ibid.*, p. 17.

34. *Ibid.*, p. 8.

35. Marie-Claude BLAIS, «Une libération problématique», *Le Débat*, n° 121, septembre-octobre 2002.

36. Christopher LASCH, *La culture du narcissisme*, Castelnau-le-Lez, Climats, 2000, p. 296.

37. La notion de «peuple adolescent» a été mise en avant par Paul Yonnet dans «Rock, pop, punk. Masques et vertiges du peuple adolescent», *Le Débat*, n° 25, mai 1983. Le nouveau «fossé des générations» a amené la formation d'un «peuple adolescent» différent de celui dont parle Paul Yonnet et nous employons cette expression dans le sens de structure sociale de comportement débordant une classe d'âge.

V. QUE VEUT DIRE
LE HARCÈLEMENT MORAL ? (I)

1. Marie-France Hirigoyen, *Le Harcèlement moral. La violence perverse au quotidien*, Paris, Syros, 1998.

2. Alexander S. Neil, *Libres enfants de Summerhill*, Paris, Maspero, 1970.

3. M.-F. Hirigoyen, *Le harcèlement moral*, *op. cit.*, p. 7 (la mention des pages citées sera désormais indiquée entre parenthèses dans le texte).

4. Daniel Sibony, « Le choc entre deux symptômes », *Cultures en mouvement*, n° 48, juin 2002.

5. Heinz Leymann, *Mobbing. La persécution au travail*, Paris, Éd. du Seuil, 1996 (la mention des pages citées sera désormais donnée entre parenthèses dans le texte).

6. Christophe Dejours, *Souffrance en France*, Paris, Éd. du Seuil, 1998.

7. Il est également directeur du laboratoire de psychologie du travail du CNAM.

8. C. Dejours, *Souffrance en France*, *op. cit.*, pp. 157-158 (la mention des pages citées sera désormais donnée entre parenthèses dans le texte).

9. Hannah Arendt, *Eichmann à Jérusalem. Rapport sur la banalité du mal*, Paris, Gallimard, 1966 et 1991.

10. Christophe Dejours, « Mai 68, travail et subjectivité : rendez-vous manqué ou détour nécessaire ? », *Travailler. Revue de psychopathologie du travail et de psychodynamique du travail*, n° 1, novembre 1998.

11. Yvonne Poncet-Bonissol, « Parler pour identifier les harceleurs », *Psychologies*, juin 1999.

12. Rachel Saada, avocate, citée dans l'article de Catherine Golliau, « La revanche des harcelés », *Le Point*, 22 mars 2001.

13. Philippe Davezies, cité par Vincent Olivier et Anne Vidal, « Les nouveaux risques du travail », *L'Express*, 15 mars 2001.

14. Fondé en janvier 1993, *Rebondir* se veut le « véritable partenaire de l'évolution professionnelle des salariés » en

fournissant dans ses numéros de multiples conseils et offres d'emploi. Son tirage se situe autour de 100 000 exemplaires.

15. «Les attitudes à adopter, les erreurs à éviter», *Rebondir*, n° 85, juin 2000.

16. «Appel pour une loi contre le harcèlement moral», *Rebondir*, n° 85, juin 2000.

17. Éric Le Braz, «C'est pas de la parano!», *Rebondir*, n° 85, juin 2000.

18. Guillaume Malaurie, «Harcèlement moral au travail : la riposte», *Le Nouvel Observateur*, 24 février 2000.

19. Sophie de Menthon, «Qui harcèle qui?», *Les Échos*, 20 novembre 2000.

20. Jean-Paul Peulet, secrétaire confédéral CFDT, dans «Harcèlement au travail et citoyenneté au travail», colloque de novembre 2000, compte rendu établi par Annie-Charlotte Giust et Claudine Supiot, *Développements*, n° 26, avril 2001.

21. Paris, Publications Célidé, 2001.

22. Serge Dufour, dans «Harcèlement au travail et citoyenneté au travail» (colloque de novembre 2000), *op. cit.*

23. Marie-France Hirigoyen, *Malaise dans le travail. Harcèlement moral : démêler le vrai du faux*, Paris, Syros, 2001 (la mention des pages citées sera désormais donnée entre parenthèses dans le texte).

## VI. QUE VEUT DIRE LE HARCÈLEMENT MORAL? (II)

1. Art. L. 222-33-2 du Code pénal.

2. Les articles 225-14 du Code pénal et suivants sanctionnent le fait de soumettre une personne, en abusant de sa vulnérabilité ou de sa situation de dépendance, à des conditions de travail ou d'hébergement incompatibles avec la dignité humaine.

3. Art. 1134 alinéa 3 du Code civil.

4. Art. L 230-2 du Code du travail.

5. Proposition de loi relative au harcèlement moral au tra-

vail déposée le 4 décembre 1999 par les députés constituant le groupe communiste et apparentés.

6. *Ibid.*

7. Commission nationale consultative des droits de l'homme, *Avis portant sur le «harcèlement moral» dans les relations de travail*, adopté par l'Assemblée plénière du 29 juin 2000.

8. Selon l'expression de Jean Le Garrec, lors du débat parlementaire.

9. *Le harcèlement moral au travail*, avis du Conseil économique et social, présenté par M. Michel Debout, rapporteur au nom de la section du travail, séance des 10 et 11 avril 2001, Paris, Les Éditions des journaux officiels, 2001, p. 59.

10. L. nº 2002-73, 17 janvier 2002, art. 222-33-2 du Code pénal et art. L 122-49 du Code du travail.

11. Cet aspect de la loi a été remis en question par les députés de la nouvelle majorité et le gouvernement à travers le projet de loi présenté par François Fillon en décembre 2002.

12. Tiennot GRUMBACH, «Il ne faudrait pas que tout devienne harcèlement», *Libération*, 8 avril 2002.

13. Anne-Marie, citée par Catherine BERNARD, «Dix-sept ans de harcèlements de Bordeaux à Montpellier», *Libération*, 1er avril 2002.

14. Nathalie GUILBERT, «La vie d'un collège de Montrouge paralysée par une gestionnaire accusée de harcèlement moral», *Le Monde*, 31 mars-1er avril 2002.

15. Anne-Françoise HIVERT, «Au tribunal correctionnel de Paris, la difficulté de définir le harcèlement moral», *Le Monde*, 14-15 juillet 2002.

16. Catherine BERNARD, «La "Jekyll et Hyde" du harcèlement. La présidente d'une association d'aide aux harcelés est attaquée par ses employé», *Libération*, 12 avril 2002.

17. *La réforme de l'entreprise*, Rapport du comité présidé par Pierre Sudreau, Union générale d'éditions, Paris, 1975.

18. *Ibid.*, pp. 34 et 35.

19. *Ibid.*, p. 35.

20. Philippe D'IRIBARNE, *La logique de l'honneur*, Paris, Éd. du Seuil, 1989.

21. Cf. Jean-Pierre LE GOFF, «La modernisation manquée», *Le Débat*, nº 110, mai-août 2000.

**22.** Pierre-André Taguieff, *L'effacement de l'avenir*, Paris, Galilée, 2000.

**23.** Sigmund Freud, *Malaise dans la civilisation*, Paris, P.U.F., 1971, p. 104.

# INDEX

CHAPITRE II

## LE MALAISE FRANÇAIS
## DANS LE MIROIR DE L'EUROPE

CHAPITRE III

## HYPOTHÈSES POUR COMPRENDRE
## LE CHAOS AMBIANT

*Table*                                    289

CHAPITRE IV

# LE NOUVEAU
# «FOSSÉ DES GÉNÉRATIONS»

*De mai 68 au mouvement anti-CPE*

*Table*        291

### APPENDICES

## DU MÊME AUTEUR

*Aux Éditions La Découverte*

LE MYTHE DE L'ENTREPRISE. CRITIQUE DE L'IDÉOLOGIE MANAGÉRIALE, 1992, nouv. éd. 1995.

LES ILLUSIONS DU MANAGEMENT. POUR LE RETOUR DU BON SENS, 1996, nouv. éd. 2000.

MAI 68, L'HÉRITAGE IMPOSSIBLE, 1998, nouv. éd. 2002, 2006.

LA BARBARIE DOUCE. LA MODERNISATION AVEUGLE DES ENTREPRISES ET DE L'ÉCOLE, 1999, nouv. éd. 2003.

LA DÉMOCRATIE POST-TOTALITAIRE, 2002, nouv. éd. 2003.

# COLLECTION FOLIO

*Composition Interligne.*
*Impression Bussière*
*à Saint-Amand (Cher), le 9 janvier 2008.*
*Dépôt légal : janvier 2008.*
*Numéro d'imprimeur : 080057/1.*
ISBN 978-2-07-034975-3./Imprimé en France.